DEMENCIA POLÍTICA
El dragón del bipartidismo

Eduardo González Estela

DEMENCIA POLÍTICA
El dragón del bipartidismo

Escrito:
Eduardo González Estela
edugon7@yahoo.com

Arte de portada y viñetas:
Andrés Bueno Brunet
enthygoode15@gmail.com

Fotografía del autor:
Joan Marie Cortés
joanmariephotography@gmail.com

ISBN:1519524927

lamarucagestaculturalvitrata@gmail.com

COLECCIÓN PUPA

Corrección:
Teresita Vázquez Guilbot
tvgespanol@gmail.com

HECHO EN PUERTO RICO
Primera edición: agosto de 2015

DEMENCIA POLÍTICA
El dragón del bipartidismo

Eduardo González Estela

Les agradezco a mis colaboradores. Sin su ayuda generosa, este libro no existiría tal cual es ahora:

Dr. Alfredo González Martínez, mi mentor
Dra. Sandra Mangual Rodríguez, mi cuñada
Sr. Paul E González Mangual, mi hijo
Sra. Sonia Mangual Rodríguez, mi esposa y secretaria
Raccoon, mi gato, quien me acompañaba en las noches mientras escribía

DEDICATORIA

Dedico este libro a mi madre, doña Juanita Estela Morell de González, a quien por muchos años traté de convencer que fuera más abierta de pensamiento con respecto a la política. Ella decía que siempre había pertenecido a un solo partido, que seguiría perteneciendo a ese partido y que moriría siendo seguidora de ese mismo partido. Sé de muchas personas que dicen lo mismo.

Le decía muchas de las cosas que escribí en este libro, pero nunca pude convencerla de que existían otras alternativas o posibilidades al dar su voto. Inclusive traté de que votara mixto o candidatura pero creo que tampoco lo logré. El voto es secreto. Salía tan ligero de la caseta de votación que era obvio que solo le dada tiempo de hacer una sola cruz. Mi madre era una mujer muy inteligente y muchas veces tuve la impresión de que era yo el que estaba equivocado al tratar de convencerla de otra cosa. Siempre tenía buenos argumentos para sustentar su posición, en especial cuando me hablaba de la política de los años 40 y 50.

Hubo momentos en los que flaqueé ante sus acertados argumentos. Mi madre falleció en diciembre de 2014 y no tengo la menor duda que está a la diestra de nuestro Señor, no sé si correré la misma suerte. Espero que dondequiera que esté allá arriba pueda leer este libro y que se sienta orgullosa de mí por haber aportado mi granito de arena para tratar de hacer de Puerto Rico un mejor país. Espero al menos, que si nos encontramos allá en la eternidad, me diga que entendió lo que yo le quería decir acá abajo. Madre, te quiero no importa el resultado.

CONTENIDO

PRÓLOGO

Alfredo González Martínez

Demencia política es un novedoso libro de protesta y de propuesta sobre el estado de continuo deterioro de la sociedad puertorriqueña. Su autor, Eduardo González Estela, sin pretensiones eruditas, más bien con los recursos intelectuales que su formación y experiencia como contador público, examina nuestra actual realidad social y política perturbada. Basado en su examen, González Estela deriva un diagnóstico de la locura epidémica que perturba el funcionamiento normal de la sociedad puertorriqueña. Articula los síntomas y los signos manifiestos en nuestra conducta social mediante una teoría explicativa de los cinco problemas medulares resumidos por Eduardo. Consistente con su visión teórica y la médula problemática, formula unas medidas correctivas y recomienda un plan de acción social para sacar a Puerto Rico de la "zona púrpura" de su "locura política."

Su metodología novel de examen e investigación de la disfuncionalidad social puertorriqueña consiste en reproducir observaciones, tesis y apreciaciones de una infinidad de voces en los medios (especialmente en la prensa). El inventario de perspectivas forma un complejo calidoscopio de imágenes cotidianas de las dificultades de nuestra gente en lucha existencial procurando sus metas de bienestar, progreso personal y colectivo. Su amplia selección de opiniones expertas de periodistas, escritores y analistas de la realidad puertorriqueña forma un amplio e incisivo espectro ideológico de observaciones, denuncias de anomalías, exposición de sus causas y remedios propuestos en torno a las fallas identificadas.

Eduardo resume la locura política puertorriqueña en cuatro problemas medulares: el bipartidismo y la política partidista; la gobernabilidad; la actual crisis fiscal y económica; y el estatus político. Cada uno de estos problemas es analizado extensamente para detectar su origen, su dinámica y sus interrelaciones. Discierne, adecuadamente en su exposición, los efectos sintomáticos de sus grandes causas que forman los problemas medulares identificados. El autor destaca la suprema importancia determinante del proceso político-partidista resultante en el actual sistema electoral bipartidista de Puerto Rico como fulcro vinculante a la existencia y a la difícil solución de los otros tres problemas. Radiografía al difuso cuerpo del "político" revelando la mecánica interno de su proceso decisional, de actitudes, valorativo y sus motivaciones lo que lo incapacitan para plantearse apropiadamente, y hallar soluciones a, los problemas sociales que confronta el pueblo de Puerto Rico. En su introspección, Eduardo desdobla la figura de "el político" de la del ser humano que entró un día a ejercer una sana función social y en la faena electorera se infectó irremediablemente con el virus de la "demencia política".

Como creyente ferviente del poder redentor de la acción comunitaria, Eduardo elabora una detallada propuesta resolutiva a la demencia política boricua. El plan de acción consiste en la toma de control civil de la gobernanza de Puerto Rico por la ciudadanía mediante la utilización de los derechos y recursos de la gente como son la educación cívica, el conocimiento constitucional y el ejercicio fiel de los derechos civiles y humanos. Ese nuevo estilo de gobernanza debe basarse en una continua democracia participativa del ciudadano.

En ese proceso reivindicatorio del pueblo de Puerto Rico es indispensable, además lograr una solución definitiva a la condición política de estatus (optando por el estado, la libre asociación o la independencia) que actualmente es un obstáculo a la solución de los otros problemas medulares identificados. El autor visualiza como recursos favorables a la solución al estancamiento social insular, el fomento del empresarismo y el despliegue de las fuerzas productivas domésticas que liberarían al puertorriqueño de la excesiva dependencia de la ayuda gubernamental interna y externa.

El libro **Demencia política** de Eduardo González Estela es, a la vez, un manifiesto civil de nuestra actual crisis, una proclama de un programa de acción comunitaria y una invitación a los puertorriqueños a asumir la gobernanza de Puerto Rico para procurar la solución al deterioro social que la institucionalidad partidista nos niega. Sin exageradas ambiciones de erudición en su contenido ni pretensiones de estilo depurado, su autor anhela que su libro sea ampliamente difundido como un portavoz de los clamores del Pueblo y un llamado a la ciudadanía a asumir su responsabilidad cívica. No hay de otra.

Aguadilla, Puerto Rico   17 de octubre de 2015

INTRODUCCIÓN

Este libro va dirigido a todas las personas que votan, los jóvenes que votarán por primera vez, los que pudieron votar en las pasadas elecciones y no lo hicieron, y a todos aquellos que creen que es mejor no perder su tiempo en ir a votar. También a todos aquellos políticos y funcionarios de gobierno que se sientan aludidos. El voto es el instrumento de expresión más poderoso que tiene un ciudadano en una democracia. También es el instrumento de cambio para acabar con los abusos de la política partidista. Hay un dicho que dice: "que una golondrina no hace verano". Tal vez un solo voto es insignificante, pero muchos votos unidos en una sola voz y en la misma dirección absolutamente son un cambio.

Oremos por el cambio: "*Dios, dame la serenidad de aceptar las cosas que no puedo cambiar, valor para cambiar las cosas que puedo; y sabiduría para conocer la diferencia*".

También va dirigido a mostrarle al elector cómo la política partidista ha guiado al país hacia el inmovilismo, la apatía, la indiferencia y una "zona púrpura de demencia política". Pretende ofrecerle a usted las herramientas para ayudarle a reformar su mentalidad fuera de esa demencia política, con nueva y más información que le permita escoger nuevas alternativas para que pueda pensar más racionalmente para ser parte del cambio que necesita nuestro gobierno. Solo los ciudadanos con el conocimiento de la realidad política podemos derrotar la política partidista. Venceremos con un voto racional sobre la demencia de esa "zona púrpura".

Sugerimos la educación como eje para el cambio, tanto la educación política como la personal, el conocimiento de nuestra Constitución y la participación ciudadana. Necesitamos que emerja una nueva sociedad con conocimiento que pueda arreglar este país. Les mostramos la forma irracional en que votamos y como el bipartidismo y su política partidista, anteponiendo sus intereses a los del pueblo, nos tiene secuestrados en una zona de demencia política.

Luego de ejercer el voto nos damos cuenta que no hemos elegido las personas más capacitadas para una responsabilidad tan importante. Los partidos nos guían a votar como si fuera un concurso de belleza, por personajes pintorescos, o políticos que no son líderes. Debemos ser más selectivos. No se pretende decirles porqué partido o candidato votar, sino mostrarle las mejores herramientas y conocimientos que les permitan ejercer su propio juicio de una manera más racional.

No soy economista, ni abogado, ni político, ni siquiera soy escritor, solo soy un elector que cree que existen unas alternativas al egoísmo y a los intereses de la política partidista que pueden ser cambiadas por otras que respondan a los intereses del país. Creo más, creo que si nos unimos, juntos lo podemos lograr. Espero que este libro sea mi aportación que ayude a abrirle los ojos a todos los electores para salir de esta demencia política. Los invito para que fuera de líneas partidistas se unan solidariamente como país en contra del bipartidismo y la partidocracia. Azul, roja, verde, amarilla o de cualquier color es una plaga a exterminar.

Los políticos siempre usan las mismas formas de campaña, las mismas promesas, los mismos engaños. Todos los años en que tenemos que elegir nuestros gobernantes hacemos lo mismo, o mejor dicho, nos hacen lo mismo. Porque somos nosotros los que nos dejamos engañar. Tenemos que reinventarnos.

"Si alguien me engaña una vez, vergüenza para él, si me engaña dos veces, vergüenza para mí". Tenemos que reinventar la forma de elegir a nuestros dirigentes. "Hacer lo mismo siempre es llegar a donde estamos ahora."

El profesor y sociólogo, Roberto Mori, en una columna del 4 de julio de 2011, en el periódico El Nuevo Día, nos dice que reinventar no es algo totalmente nuevo, pero tampoco es que vamos a usar lo mismo que tenemos. Tiene que haber, por tanto, una ruptura con lo existente, pero utilizando lo que tenemos para hacer algo diferente.

El científico alemán Albert Einstein dijo: "LOCURA ES HACER LA MISMA COSA UNA Y OTRA VEZ ESPERANDO OBTENER RESULTADOS DIFERENTES". Los electores siempre hemos estado haciendo lo mismo y siempre obtenemos los mismos resultados. Escribe la Directora Ejecutiva Fundación Agenda Ciudadana, María De Lourdes Lara, en la columna "Voces" del periódico El Nuevo Día, del 6 de diciembre de 2013, y nos dice que en Puerto Rico se ha debatido mucho sobre el asunto de la existencia de un gobierno permanente. Este debate se trae para referirse a instituciones y personas que impiden, y derrotan, cualquier gestión que se intente hacer para sacar al gobierno de las diferentes crisis o problemas que a diario enfrenta. Son grupos que "ni hacen, ni dejan hacer". Y añade: "El gobierno permanente es también una actitud, una predisposición que mueve a la gente a actuar de esa manera". Debemos proponernos, como país, no acostumbrarnos a esta nefasta actitud." "Abandonemos la complicidad, gobernar es responsabilidad de todos". No sea usted parte de las personas que impiden, sea parte del cambio, edúquese, involúcrese. Un ciudadano bien informado puede ser la diferencia para muchos de los cambios. Edúquese.

"La ignorancia no es la falta de inteligencia, la ignorancia es la falta de educación". Para lograr estos cambios necesitamos serenidad, valor, sabiduría y saber cómo ejercer el voto. En esta coyuntura donde el país hace rato que habita en el borde de una dependencia total, y una "demencia política", no existe un proyecto que sirva de horizonte para salir de esta zona púrpura de "demencia". Esto nos limita pero también nos da oportunidades de buscar nuevas alternativas. Haz como De Diego en su poema "En la Brecha", y embiste los obstáculos que no te permiten salir de esta zona púrpura.

La intención de hacer las cosas no es suficiente hay que ir a la ACCIÓN. (Lea el artículo de Vivien Mattei Colón, Profesora del Programa de Comunicaciones de la Universidad Interamericana en Ponce, Puerto Rico. "De la Intención a la Acción". El poder está en el pueblo. A continuación estrofas de dos poemas que te pueden servir de inspiración a la acción:

Extracto de **Proverbios y cantares**
Golpe a golpe, verso a verso...
Cuando el jilguero no puede cantar.
Cuando el poeta es un peregrino,
Cuando de nada nos sirve rezar.
Caminante, no hay camino,
Se hace camino al andar.
-Antonio Machado

En la brecha
¡Ah desgraciado, si el dolor te abate,
si el cansancio tus miembros entumece!
Haz como el árbol seco: reverdece
y como el germen enterrado: late.

Resurge, alienta, grita, anda, combate,
vibra, ondula, retruena, resplandece...
Haz como el río con la lluvia: ¡crece!
Y como el mar contra la roca: ¡bate!

De la tormenta al iracundo empuje,
no has de balar, como el cordero triste,
sino rugir, como la fiera ruge.

¡Levántate!, ¡revuélvete!, ¡resiste!
Haz como el toro acorralado: ¡muge!
O como el toro que no muge: ¡embiste!
-José de Diego

En las próximas páginas les señalamos los conocimientos y conceptos que entendemos que debe conocer todo buen ciudadano para lograr el cambio, así como la educación y los instrumentos para salir de esta zona púrpura de "demencia" y pueda ayudar en el logro de los objetivos aquí señalados. Excusen las repeticiones, pero creo en ellas. Me acuerdan los años sesenta, cuando comenzó la campaña para abrocharse los cinturones de seguridad en los auto-móviles. Donde quiera había un rótulo que decía: "Abróchate el cinturón salva vidas". Fue tanta la repetición, que al presente, al montarnos en un auto lo primero que hacemos es abrocharnos el cinturón. Adelante caminante: ¡Embiste!

Para mí sería de gran satisfacción que este libro se usara como un libro de texto para enseñar alguna forma de "educación política". Coño, tenemos que aprender a elegir nuestros gobernantes y a ser solidarios con nuestros semejantes. Hemos perdido el control del país.

PRIMERA PARTE

FUERA DE CONTROL

QUE DISTINGUIR ENTRE LOS PROBLEMAS Y LOS SÍNTOMAS

Después de preguntar a muchas personas y leer artículos en la prensa sobre cuáles, en la opinión de los ciudadanos, son los problemas de Puerto Rico y cuál sería la forma en que éstos pueden ser resueltos, encontramos una diversidad de opiniones tanto para identificarlos, como para tratarlos y resolverlos.

Algunos de los problemas mencionados son: robos, asaltos, asesinatos, violencia doméstica, corrupción, suicidios, pornografía, violaciones sexuales, venta y uso de narcóticos, velocidad en las carreteras, "status" de P.R., la economía está mala, deshonestidad, intolerancia, desigualdad, apatía, indiferencia entre otros. No fue hasta después de hacer una lista de estos "problemas" que me di cuenta que muchas veces confundimos los efectos con las causas. Así nos pasa muchas veces con la práctica de la medicina. Los que no la practicamos, confundimos los síntomas con la enfermedad. Si tomamos como ejemplo, cuando una persona tiene fiebre, tos y vómitos, decimos que está enferma porque tiene fiebre. Pero la fiebre puede ser un síntoma de muchas enfermedades. Después de examinar al paciente encontramos que tiene una infección en la garganta, la fiebre es un síntoma de la infección y no una enfermedad, en sí misma. La enfermedad es la infección de garganta.

En una ocasión me encontré con un amigo que lucía su rostro y ojos de un color amarillento. Otro compañero le dijo que tenía una enfermedad que se llamaba "ictericia". No fue hasta que fue al médico y éste le dijo que tenía una hepatitis infecciosa. La "ictericia" resultó ser solo uno de los síntomas de dicha enfermedad. Se caracteriza por el color amarillento en ojos y piel. Proviene de la bilirrubina que el hígado, al estar inflamado, no elimina. Quizás podemos tratar este síntoma de la "ictericia", y hasta mejorar el paciente, pero no será hasta que eliminemos la infección en el hígado que el paciente se recuperará y sanará.

Siguiendo el ejemplo de la medicina, los síntomas y sus enfermedades, me di cuenta que muchos de los "problemas" mencionados arriba no son en realidad los "problemas", si no las causas. Cada cuatro años elegimos un gobierno para que trabajen y resuelvan los problemas que nos aquejan, pero solo trabajan con sus síntomas y no resuelven los verdaderos problemas; pero en vez de hacerlo, trabajan para conseguir sus propios intereses y los de sus partidos. Tenemos que aceptar que de vez en cuando resuelven algunos de estos problemas, pero siempre y cuando no trastoque sus intereses partidarios. (Sin costo político).

Encima de todo esto, los políticos han creado un nuevo problema; la política partidista, que no es otra cosa que la causante de las tres crisis que se han destapado en este cuatrienio, la crisis política, la crisis fiscal y la crisis económica. No solo, no nos resuelven nuestros problemas históricos, sino, que nos crean nuevos.

LA ZONA PÚRPURA DE LA DEMENCIA POLÍTICA

La política partidista y el bipartidismo han creado lo que yo describo como una zona púrpura o zona de demencia política. Si usted mezcla partes iguales de pintura roja y pintura azul obtiene una mezcla de color púrpura. Si usted hace lo mismo con los políticos del PNP (azul) y del PPD (rojos) va a crear una zona púrpura donde habitan los electores secuestrados. Es como un dragón de dos cabezas sobre una alfombra verde. Ahí es donde el elector pierde su identidad política, su juicio, su raciocinio. Entrega sus defensas y entra en un furor que raya en el fanatismo. Es como cuando Cupido le entierra la flecha en el corazón y usted queda "loco y sin idea". En esta zona al igual que en el amor, no se razona. Los electores se convierten en manadas de ovejas guiadas por sus políticos, digo, sus pastores. En este estado "púrpura" o de demencia política violan nuestros derechos constitucionales y civiles, nos olvidamos cómo escoger nuestros dirigentes y cómo votar racionalmente. Algunos se convierten en fanáticos y no razonan, otros votan por conveniencia; y la mayoría son guiados a esta zona de demencia debido al desconocimiento de la forma cómo funciona la política partidista y esta zona de demencia.

Necesitamos mucha educación para conocer la malicia política. La política partidista nos manipula mentalmente, pero peor aún, nosotros nos dejamos manipular. La mayor parte de las veces, por ignorancia y desconocimiento. Las personas o políticos que nos orientan sobre la política usualmente están identificados por un color emblemático, por lo que no son neutrales y faltan a la verdad. La política es el mundo de las verdades. Todos los políticos dicen la "verdad", pero ninguno se cree el uno al otro. La verdad para el elector depende del color del que las dice. ¿Pueden existir varias verdades? Aquí es donde usted tiene que empezar a distinguir entre verdad y conveniencia.

PÉRDIDA DE CONTROLES

La demencia política está compuesta de dos partes. La demencia de los políticos, por la forma maquiavélica de buscar ganar las elecciones, el poder y sus intereses. Y por otro lado, la demencia de los ciudadanos y sus electores tratando de cambiar esos gobiernos corruptos haciendo las cosas de la misma forma que lo hicieron hace cuatro años. Manteniendo un sistema bipartidista que no responde a los intereses del país. De esta forma, ambos, el gobierno y los ciudadanos hemos perdido el control político, fiscal y económico del país.

PRIMERA DEMENCIA: LOS POLÍTICOS Y EL GOBIERNO

Por los últimos 30 años hemos visto como los gobernantes y sus funcionarios han ido perdiendo el control del gobierno tanto en la parte económica como en la administrativa. Después que un partido triunfa en unas elecciones y adviene al poder, los políticos solamente piensan en la forma de prevalecer nuevamente y de pagar los favores políticos a los "recaudadores" y contratistas que le ayudaron en su campaña. Cogen prestado para hacer obras que distingan al gobernador y su partido, y sobre todo, para no perder el poder. Tal parece que después que prueban el "poder" este se convierte en una adicción que los lleva a la demencia. Siembran la semilla de la corrupción, gastan el dinero del pueblo y se olvidan de los inte-reses de los ciudadanos. No se acuerdan que el poder que tienen para gobernar, es delegado. De esta forma se pierde el control del gobierno.

Cuando no hay propósito, ni voluntad de gobernar pensando en el país, los gobernantes tienen que callar la corrupción y la mala administración de sus funcionarios. Esta forma de gobernar no es beneficiosa para el pueblo, pues solo se piensa en gastar para mantenerse en el poder y volver a ganar las elecciones. Nos endeudan, no cumplen con el pueblo y toman más y más préstamos para pagar las deudas anteriores y luego nos aumentan los impuestos para pagar todas las deudas, nuevas y viejas. Esta es una de las formas como endeudan el país.

Los gobiernos no cumplen con las reglas de juego que están en la Constitución del Estado Libre Asociado de Puerto Rico, para dar paso a sus agendas electorales. Tal es el caso del impago de la deuda pública del gobierno al crear el embeleco de una deuda extra-constitucional, no cobijada por la constitución, para poder seguir cogiendo prestado y no tener que cumplir con la constitución. No adjudicó el resultado del referéndum sobre la unicameralidad, según el pueblo votó, avaló la recaudación de fondos ilícitos para los partidos políticos a través de las agencias del gobierno y otorgó contratos a recaudadores y donantes políticos. Tampoco existe un balance entre las tres ramas de poderes debido a que la partidocracia se ha apoderado de las agencias fiscalizadoras y reguladoras.

Pero todavía quedan funcionarios honestos y trabajadores. En esta ocasión lo es un secretario del gabinete del presente gobierno. Se trata del Secretario de Hacienda Juan Zaragoza, quien describió el Departamento de Hacienda como "un paciente crítico" y un "ente disfuncional" que no ha colapsado gracias a los empleados que tiene, aunque afirmó que a pesar de sus serios problemas, "tiene salvación". El periodista Antonio R. Gómez, del periódico El Nuevo día del 19 de junio de 2015, nos dice que es una de las pocas ocasiones en que un jefe de agencia es tan sincero y honesto en la evaluación de la dependencia que dirige. Dijo el Secretario y citamos: "el problema es más profundo de lo que se ha percibido y no se limita al asunto de su actual estructura, ni tampoco se resuelve única, ni principalmente con la consolidación en la propuesta Oficina de Rentas Internas de las facultades y poderes asociados a la recaudación". Cita como problemas la reducción generalizada de la base de empleados, sistemas de información obsoletos, poca capacitación gerencial y técnica, ausencia de planes de trabajo, de indicadores de rendimiento y de medición de resultados. Se desconoce con precisión a cuánto asciende la deuda de los contribuyentes, quiénes son los deudores, cuánto son los planes de pago, ni cuáles de ellos están al día." "En Hacienda no hay plan de trabajo, no se rinden cuentas, no se sabe qué pagos están atrasados...en Hacienda no se sabe nada y no es de ahora, es que no ha pasado nunca". Describió la situación como la de "un capitán de barco navegando sin panel y mirando hacia las estrellas como guía". De esta misma forma exhortó a otros funcionarios y secretarios a informar la situación administrativa y fiscal de sus agencias y secretarías, para que el pueblo conozca cómo están trabajando. Felicitamos al secretario Juan Zaragoza por ser tan claro y honesto en su informe.

SEGUNDA DEMENCIA: LOS CIUDADANOS

De la misma forma en que el gobierno y los políticos se apoderaron y controlan las instituciones gubernamentales, los ciudadanos, irresponsablemente, dejamos que esto sucediera. Es significativo ver cómo al pueblo se le ha ido fuera de control la forma en que se delega el poder político. Hemos fallado con nuestra responsabilidad civil como ciudadanos del pueblo de Puerto Rico. Hemos permitido que nos encierren en esta zona de la "demencia". No es posible que los ciudadanos mantengamos un control del poder delegado desde la zona de demencia política, pues la política partidista es la que creó y controla esta zona de demencia. Viendo la destrucción que ha causado esta clase de política no podemos seguir delegando nuevamente todo el poder en los mismos que están destruyendo nuestro país. Ahora, son los políticos los que fracasaron pero si volvemos a delegar todo el poder en los mismos, estaremos fracasando nosotros. Es una demencia volver hacerlo.

No hay responsabilidad civil ni participación ciudadana. Estamos sumidos en una dependencia gubernamental, nos creemos que el gobierno tiene que hacerlo todo (pero han probado que no saben) pero le entregamos todos los poderes sin exigir cuentas ni transparencia. No solo tenemos que involucrarnos, sino que tenemos que aportar. Recuerden las palabras del Presidente John F. Kennedy en su toma de posición:

Cito a John F. Kennedy: "My fellow American, ask not what your country can do for you, ask what you can do for your country."

LA PRENSA Y LA OPINIÓN CIUDADANA

Después de leer artículos en los periódicos, en los libros, las revistas, oír la radio, escuchar a la gente y las promesas falsas de muchos políticos, ver las amarguras que pasan las víctimas del bipartidismo y la política partidista; escuchar y ver la televisión y sus analistas políticos, vi que casi todas las formas de resolver los problemas y tomar nuevamente el control de nuestro país estaban disponibles. Pero nadie los pone en marcha. No hay voluntad de pueblo para la acción y tal parece que ni los políticos ni el gobierno tampoco la tienen.

No faltaba la intención, pero faltaban las formas de hacerlo y de ponerlo en marcha. Lo leía en la prensa todos los días. Hay muchos escritores e intelectuales que escriben sus opiniones y formas de cómo enderezar al país y rescatarlo de los políticos que nos tienen secuestrados en esta zona púrpura de la "demencia", esto debido en gran parte a la ignorancia y la apatía del pueblo a involucrarse en la política. Muchas de las ideas y los recursos que menciono en este libro salen de lo que he leído en la prensa y lo que he escuchado en la radio y otros medios de comunicación. Era como si la rueda estuviera inventada y solo había que ponerla a correr para salir de esta "zona de demencia política."

Como habrás notado, aquí estamos citando a todas aquellas personas que de una u otra forma aportan y tienen un pensamiento cónsono con el objetivo que persigue este libro: salir de la zona púrpura. ¿Por qué si hay tantas personas que piensan de esta manera no hemos logrado solidarizarnos para actuar y resolver los problemas que nos impiden salir de esta zona? ¿Cómo podemos vencer esta inmovilidad ciudadana?

A continuación algunos ejemplos de las personas que nos comentan sobre los problemas y nos sugieren posibles soluciones: La escritora Carmen Dolores Hernández, en Tribuna Invitada del periódico El Nuevo Día del 28 de junio de 2014, llama "Rehenes" a lo que yo describo como la zona púrpura de la siguiente manera, y citamos: "Estamos cogidos entre dos bandos enfrentados a quienes poco les importa nuestra suerte y continúa diciendo y cito:"que el Gobierno es rehén-también de un talante populista entronizado entre la clase política: promete lo que no puede dar para sacar ventaja política, hipotecándonos (se deben $73 mil millones) a todos en el proceso. El Gobierno no habla claro ni actúa decisivamente por miedo a las urnas."(El costo político). Esto quiere decir que el gobierno está preso de la voluntad del pueblo que le otorga al gobierno un símbolo de poder y autoridad, que luego no quiere perder.

Luego de leer el libro de la ex representante y actual Alcaldesa de San Juan, Carmen (Yulín) Cruz Soto "El poder está en la calle" vi que tenía muchas ideas en las cuales convergíamos y se me ocurrió hacer especie de alianza intelectual con este libro y "El poder está en la calle". Tenemos que reconocer este poder como una herramienta indispensable para buscar nuevas formas de elegir nuestros gobernantes. Hay que educar al pueblo para que aprendan a usar ese poder y buscar nuevas alternativas al votar.

Pienso tal cual dijo Albert Einstein: "Sería una locura tratar de salir de esta "zona púrpura" haciendo las mismas cosas que hemos hecho anteriormente".

También, el escritor Manuel Martínez Maldonado escribió un artículo para el Nuevo Día, el 2 de mayo de 2014, en Tribuna Invitada, el cual tituló "La posinteligencia". El la describe como un período no muy disímil a la ignorancia medieval donde muchas de las figuras nacionales niegan la evolución y por cerebro tienen la lengua. Es un período donde las figuras de "liderato" dicen cualquier casa. Imitamos y recurrimos a pobres o incompletos análisis que la mayoría de las veces son ventajismos políticos. Nada es por el bien común, sino por la posibilidad de reelección o de perpetuación política. Me agradó la palabra "postinteligencia" por ser pariente muy cercana de la zona púrpura de demencia a la que me refiero en este libro. No importa cómo llamemos esta situación, ya sea zona púrpura, demencia, rehenes o período de la "postinteligencia", tenemos que salir de aquí cuanto antes. Todas juntas son una especie de una zona demencia política.

LAS CAUSAS DEL DESCONTROL

LA POLÍTICA PARTIDISTA

No tengo la menor duda que una de las causas mayores de muchos de estos problemas de gobernabilidad y descontrol que tenemos, es la forma en que los partidos políticos manipulan a los electores para escoger candidatos que son ineptos, pero escogidos por el partido. (Partidocracia). Nos engañan con promesas falsas y nos confunden con el "issue" del "status" para ganar elecciones. Cuando no tienen argumentos para contestar alguna pregunta o no pueden cumplir una promesa le echan la culpa al "status". No tienen sentido de pertenencia de pueblo ni voluntad política para hacer cambios y tomar decisiones que favorezcan al pueblo. El costo político los aleja. También son los causantes de habernos metido en una deuda pública de más de $73,000,000.00. No solo los políticos en el poder nos cuestan dinero, sino que luego contratan asesores que nos cuestan millones y millones, un gasto exorbitante para ocultar la ineptitud de los gobernantes. Y que me dicen de los legisladores, luego de ser electos no solo contratan como asesores los candidatos derrotados, sino que contratan otros asesores de asesores porque ellos no saben cómo cumplir con lo que prometieron a sus electores.

¿Se acuerdan del Rey Midas, que todo lo que tocaba se convertía en oro? Pues la política partidista (la causante) hace lo mismo, con la diferencia que lo que ella toca se convierte en un problema más para nosotros.

Había una canción que decía: "Tú eres la causante de las penas mías, tú eres la causante de las penas mías...yo le añado,...y yo me lo gozaría si algún día yo te acabara."

El presupuesto, las reformas de los retiros de empleados públicos, el "status", las leyes que afectan a la ciudadanía, las reorganizaciones en el gobierno y cualquier otra ley en la que se afecte una parte sustancial de la población se convierte en un problema político que el gobierno de turno tiene que resolver sin perder los votos. Un postulado político inquebrantable. La pérdida de votos puede significar la pérdida de las próximas elecciones y por lo tanto, la pérdida del poder político; esto es, la gobernación, la legislatura y el nombramiento de los jueces (el poder judicial).

Esta es la razón de las mentiras, la demagogia, el egoísmo, el individualismo, el protagonismo y otras que usa el partido en el poder para no perder el poder político y prevalecer en las próximas elecciones. Te mienten antes de las elecciones para ganar las elecciones y el poder político; y te mienten durante el cuatrienio para seguir "chupando" y luego te mienten en los próximos comicios electorales para retener el poder político que es el arma que usan, no para el beneficio del pueblo, sino, para ellos seguir viviendo del gobierno. Es como la carretera número 111 que corre de Aguadilla hacia el pueblo de San Sebastián. Es tan peligrosa que le apodan "La Viuda", pues empieza con uno, sigue con uno y termina con uno.

Vamos a tratar de explicarles a ustedes cómo funciona la política y el gobierno y a la vez, ofrecer las posibles soluciones a los problemas creados por ellos. En especial cuáles son las herramientas para salir de la zona púrpura. Todas las soluciones deben estar dentro del marco de la educación, la autogestión, la participación ciudadana, la democracia participativa, el trabajo comunitario, la solidaridad, las convergencias, las alianzas, los consensos, el civismo, la autogestión y el desarrollo de comunidades. Sobre todo la forma de salir de esta zona púrpura y entrar al mundo racional para poder escoger los mejores funcionarios de gobierno y establecer, de ser posible, una nueva "Gobernanza".

Por eso debes saber el político que debes escoger; debe ser aquél que tenga conocimiento y lo sepa usar, sea honesto y que utilice el poder que se le delega, para servir al pueblo y no a sí mismo. ¿Lo habrá? ¿Tendrá Puerto Rico salvación todavía?

LOS CULPABLES: LOS CIUDADANOS Y EL BIPARTIDISMO

LOS CIUDADANOS

En Punto Fijo de la sección de Perspectiva del periódico El Nuevo Día del 28 de enero de 2015, el Presidente del Centro para una Nueva Economía, Miguel Soto Class en su artículo "Más" nos dice y citamos: "Me rehúso a pensar que nuestro trabajo es diagnosticar problemas y presentar soluciones solo para que un incompetente, anacrónico y corrupto aparato político y gubernamental las ignore y se lleve enredado a todo un país a la hecatombe". "Nuestro sistema político esta tan osificado, atrofiado y carcomido que nadie competente puede penetrar". "La única y verdadera solución es un sector ciudadano suficientemente fuerte y organizado que pueda enfrentarse al Gobierno, domarlo y obligarlo a funcionar como el pueblo decida". "Hace falta combinar el análisis empírico (en base a la experiencia) con la acción y con la coordinación de tácticas para que la ciudadanía pueda exigir por sí misma y provocar el resultado deseado". Estas palabras me traen a la mente que quizás los mismos ciudadanos somos los culpables de este descontrol por no haber hecho un análisis empírico con acción como dice el señor Miguel Soto Class. Los ciudadanos tienen mucho que aportar y tienen que participar más. Debe ser una participación racional.

EL BIPARTIDISMO

Antes de entrar de lleno en la política partidista quiero que sepan que nuestro sistema de partidos políticos es esencialmente bipartidista. Esta forma de partidos favorece que subsistan dos coaliciones políticas (unión de individuos o partidos) por lo general son rivales y opuestos que genera una exclusión o una discriminación de las minorías políticas y a su vez crea una zona púrpura donde reina la demencia y la demencia política. Bajo este sistema en todas las elecciones uno de ellos alcanza el gobierno de la nación y el otro ocupa el segundo lugar en las preferencias del voto pasando a ser la oposición oficial al gobierno. Las personas que están en contra de este sistema alegan que excluir a las minorías es antidemocrático y reduce la posibilidad de que emerjan nuevos partidos, coaliciones y alianzas; así como nuevas opciones. Estoy muy de acuerdo con esta opinión ya que esto está pasando en Puerto Rico. Actualmente estamos votando por el partido menos malo, en vez de crear un partido bueno que responda al país. Estos partidos se alternan en el poder cada cuatro años, pero ninguno continúa las obras o iniciativas del otro partido, todo lo contrario, desmantelan todo aquello que no sea del mismo color del partido que los derrotó y luego te dicen: "Such is life".

Por otro lado, dicen otros que la forma bipartidista es más útil que el partido único al ofrecer la oportunidad de renovar gobiernos excesivamente desgastados por las diferentes crisis políticas que van surgiendo y controla la rabia y la frustración de la ciudadanía ante los abusos de poder, pues a través del partido que en un determinado momento se encuentra en la oposición, se puede manipular más al pueblo, canalizando sus reivindicaciones hacia un punto que no sea peligroso para su sistema (control de la oposición). En todos estos sistemas, la ciudadanía, desconocedora en gran medida, permanece incapaz de influir en el poder. Pero yo no estoy hablando de que exista un solo partido, me refiero a que deben existir dos partidos o más. El bipartidismo se rompe en la mayoría de las democracias cuando una tercera fuerza social, o la masa obrera, exige representación (El partido del pueblo). También con el nuevo movimiento "Juntos Podemos" hacia un cambio" en los países de Chile, Grecia, Portugal y España, entre otros, también se rompe con el bipartidismo. Esto es un ejemplo para adoptarlo en Puerto Rico.

El bipartidismo suele realimentarse ya que muchos votantes, pensando que votar por otros partidos políticos emergentes es malgastar el voto por ser muy improbable que consigan representación en la legislatura. Los votantes acaban eligiendo el menos malo, entre una de las dos opciones mayoritarias. Es lo que se denomina voto útil y lo que los partidos grandes suelen usar como un señuelo para atraer a los votantes de partidos minoritarios, restringiendo así aún más el sistema bipartidista a permanecer igual y mantener al elector en la zona púrpura de la "Demencia".

El tribalismo político entre "penepés" y populares ha sido una de las causas de la catástrofe económica y fiscal en la que nos encontramos. Cada cuatro años descartamos lo ya construido. Es borrón y cuenta nueva, hasta que ya no tengamos con qué pagar esa insensatez. Solo la ceguera puede superar la insensatez. El tribalismo político es el abono que hace florecer al bipartidismo.

El bipartidismo es como un ritmo de "conga" tres pasitos hacia delante y dos pasitos hacia atrás, o como el ritmo de la "salsa" de Fania "All Star" con Héctor Lavoe: "quítate tú pa' ponerme yo", quítate tú". El líder independentista Lcdo. Rubén Berríos Martínez lo llama "más de lo mismo".

LA LEY DE MAURICE DUVERGER

Estando yo un domingo en la mañana por el Viejo San Juan, coincidí en una tienda en la calle San Justo con el licenciado Marcos Rigau, a quien saludé y le dije que lo conocía desde las vistas del Cerro Maravilla en el Senado y cuyas vistas él presidía. Aproveché la ocasión para que me diera su opinión sobre el bipartidismo en nuestra política y cómo afrontar este dragón de dos cabezas. Como introducción me dio a entender que éste era un mal causado por nuestro sistema electoral y me explicó someramente su apreciación sobre el tema. Pero no me dejó ir sin antes recomendarme que buscara y leyera lo que era la Ley de Duverger, lo que hice tan pronto tuve acceso a la "internet".

Maurice Duverger fue un sociólogo francés que estableció un principio que afirmaba que el sistema mayoritario o presidencial, como el que tenemos en Puerto Rico, conduce hacia un sistema bipartidista. En muchos países aparece ligado a la evolución del sistema democrático en que los partidos mayoritarios establecidos, dejan de tener un perfil ideológicamente muy marcado y se enfrentan por el mismo electorado. No hay mucha diferencia entre uno y otro. Tradicionalmente, los partidos de masas defendían intereses de clases, pero la aparición de los medios de comunicación, del ensanchamiento de las clases medias llevó a que los partidos se enfrentaran por un mismo electorado en lugar de limitarse a movilizar a sus bases.

Con la llegada de los políticos profesionales, con ideología disminuida, se unen para pactar condiciones restrictivas a la entrada de nuevos partidos, cosa que asegura su financiamiento y beneficios personales para las elites partidarias. Desde el punto de vista económico estos partidos se conforman como "carteles políticos" cuya estrategia de mercadeo es la limitación de la competencia. Estos "carteles políticos" han favorecido inexorablemente el bipartidismo. Los electores y los ciudadanos están secuestrados entre cuatro paredes políticas, gobierno presidencial por mayoría, el estatus, la partidocracia y por supuesto el bipartidismo.

Cuando los partidos van a unas elecciones para determinar quién gobierna a Puerto Rico a base de la calidad de los candidatos y uno de ellos se encuentra muy atrás en las encuestas, enseguida decide traer el "issue" ideológico del status para atraer más electores. Es como una pantalla para ocultar la ineptitud de sus candidatos. De todos modos, Duverger de alguna manera reconoce a sus críticos al sostener que la "relación entre el sistema electoral mayoritario y el bipartidismo no es mecánica ni automática: un sistema electoral mayoritario no produce necesariamente un sistema bipartidista, si no tan solo presiona las circunstancias para figurar dicho sistema de partido en una tendencia que afecta a otras, algunas de las cuales tomarán cauces opuestos".

LA TORMENTA PERFECTA (THE PERFECT STORM)

La "tormenta perfecta" es una expresión que describe un evento donde una rara combinación de circunstancias agravan una situación de forma drástica. Tiene su origen meteorológico cuando el

20 de marzo de 1936 en Port Arthur News in Texas el sistema meteorológico describe un disturbio como "la tormenta perfecta" de su tipo, cuando siete factores estaban involucrados en una cadena de circunstancias que evolucionaron hacia una terrible inundación. Metaforizando esta expresión con la ley de Duverger podemos decir que para que un sistema electoral mayoritario en una democracia evolucione hacia un bipartidismo deben ocurrir muchas circunstancias que favorezcan esta evolución.

EFECTO PSICOLÓGICO EN LA LEY DE DUVERGER

Un "efecto psicológico" actuante sobre los votantes y los dirigentes políticos que no desean desperdiciar sus votos al hacerlo por quienes perciben como perdedores o sin oportunidad de ganar, fragmentando los partidos. Un votante racional decide primero cuál partido cree que lo beneficiará más; luego tratará de estimar si este partido tiene alguna oportunidad de ganar. Hace esto porque es parte de un proceso de selección, no de una expresión de preferencia. Por ello, aún si prefiere el partido A, él estará "desperdiciando su voto si A tiene pocas probabilidades de triunfar, dado que percibe que la masa de los votantes deciden entre los partidos B y C. La elección relevante es entre B y C; por lo cual un voto por A no es útil. Esta es una formulación teórica que luego se conoció con el nombre de la "elección racional". En este proceso racional elegir A es irracional.

Resumiendo la ley de Duverger y las circunstancias que agravan su evolución hacia el bipartidismo en Puerto Rico, tenemos que tomar en consideración varias circunstancias a favor y en contra de esta ley como las siguientes: Puerto Rico técnicamente no es una nación, somos colonia de los Estados Unidos. Aunque tenemos un sistema político soberano éste es delegado por la nación americana. No somos nación soberana. Cuando se redactó la Constitución del E.L.A. el Congreso de los Estados Unidos exigió una cláusula en la cual el gobierno constituido tendría que ser democrático bajo un sistema republicano. Esto quiere decir que no podríamos cambiar el sistema electoral de mayoría para que no hubiese una tendencia hacia el bipartidismo. Habría que enmendar la Constitución con el permiso del Congreso americano.

LA PARTIDOCRACIA

Según el "Word Reference Forum", "partidocracia" es una palabra inventada, pero es en realidad una deformación de "democracia". Democracia viene del griego "demo" que significa "pueblo" y de "cracia" que significa "fuerza", "dominio" o "poder". Entonces democracia significaría: Dominio o poder del pueblo. Pero si cambiamos "demo" por "partido", partidocracia significaría: el poder de los partidos políticos. El término apareció en Europa en la última postguerra para designar el poder de decisión de los partidos políticos en la reconstrucción democrática de la vida política en Europa.

Partidocracia es, el gobierno, el poder, la fuerza, la autoridad o la influencia de los partidos políticos en un Estado o país. Es el régimen por el cual los partidos son los que toman las más importantes decisiones de la vida política estatal, desde el lanzamiento de los candidatos a los cargos electivos hasta el control de los elegidos y el sometimiento de ellos a la disciplina partidaria ("caucus") en el ejercicio de sus funciones públicas. Los individuos no tienen influencia política sino en cuanto son miembros de un partido político. La partidocracia es el monopolio de la acción política por los partidos, dentro de un régimen democrático.

Este monopolio se manifiesta de diversas maneras: uno, como facultad partidista de imponer candidatos por quienes los electores se ven precisados a votar y dos, como imposición disciplinaria sobre los delegados y funcionarios públicos pertenecientes a las filas del partido. Este poder incontrolado que ellos han alcanzado raya en algunos lugares en perjuicios de los derechos de los ciudadanos. La partidocracia es hija del bipartidismo y se combinan para crear la zona púrpura que tiene secuestrado a los electores. La partidocracia crea problemas en vez de resolverlos. Se enfocan en sus intereses, la reelección y la perpetuación de su partido y se olvidan del pueblo.

La política opera en Puerto Rico algo similar a una dictadura bipartidista, (partidocracia) controla los puestos de poder y obstruye el paso a los ciudadanos que no están identificados con el partido en el poder. Existe en la política partidista una falta de principios, valores y sentido de pertenencia, pero sobre todo, una falta de EDUCACIÓN. Todo esto mezclado es parte de la demencia política que menciono aquí.

Nos dice el doctor en estudios mediáticos, Raúl J. Feliciano, en la columna Buscapié del 11 de marzo del 2015 del Periódico el Nuevo Día "que admira pero no comparte el optimismo en cuanto a la capacidad del partido del pueblo trabajador "PPT" de romper con el bipartidismo. Su mensaje ha sido claro: el PPD y el PNP son iguales. La única diferencia, si hay alguna, es su postura en cuanto al status. A su vez esto lo deprime porque no solamente Puerto Rico no se mueve hacia el cambio, si no que se afianza a su estrategia bipartidista. Así que amigos del PPT, ¿podemos romper el ciclo del bipartidismo que nos asfixia? Sinceramente, no sé cómo".

Recientemente en España en unas elecciones regionales y municipales abren un escenario poco habitual en la última década, el de la necesidad de que los fuerzas políticas pacten para formar mayorías de gobierno. Estas son Podemos y Ciudadanos. Dice Pablo Iglesias, líder de Podemos: "Empieza a escribirse en España el fin del bipartidismo". "Y estamos haciendo historia en España", aseguró Albert Rivera, Presidente de Ciudadanos. Ambos partidos surgieron de los movimientos sociales de protesta contra la austeridad económica y la política tradicional que representan el bipartidismo. Esto demuestra que hay espacio para una nueva vía en el conjunto del país, un tercer partido, o mejor aún candidatos que no representen un partido político.

Las comunidades en Puerto Rico deben mantenerse activas y enviando mensajes de lo que quieren hasta terminar con el bipartidismo y la política partidista. Los fanáticos de Calle 13 gustan de escuchar los mensajes de su grupo. En su último concierto en Puerto Rico se entrevistaron a varios fanáticos, uno de ellos la Sra.

Erodita Larracuenta de 61 años, que se encontraba acompañada de su hija Jessica Ayala de 31, así como su esposo, Ricardo Figueroa de 44. Los tres coincidieron en que una de las cosas que más le llama la atención de Calle 13 es que se atreve a decir lo que otros callan. Dice doña Erodita: "El dice lo que yo realmente quisiera decir, pero no lo digo, y eso me fascina".

René Pérez exhortó a la ciudadanía a olvidarse de sus diferencias y a unirse como país para lograr un bien común. Otra fanática expresó que le gustaba su mensaje social, aunque algunas veces coinciden y otras no; a mí me gusta que, tú sabes, usan el poder de la música para llevarle un mensaje al mundo.

Entre los mensajes se encuentran los siguientes: "la crudita está mal cocida", "el mundo está al revés y nosotros tenemos que ver cómo nos unimos sin pensar en colores". "Yo tengo que aprender a hacer eso también y dejar los ideales un poco para unirme a todos los hermanos puertorriqueños, llevarnos mejor y ver cómo la Isla mejora". Juzgue usted.

CORRUPCIÓN GUBERNAMENTAL Y SU IMPUNIDAD

Abraham Lincoln dijo: "Si quieres probar el carácter de un hombre, dale poder." Otra causa de la pérdida del control es la corrupción gubernamental rampante que existe en el país. "El crecimiento económico, la competitividad, los asuntos financieros, los derechos humanos, la pobreza y la inversión son algunos de los renglones más afectados por la corrupción. Según el programa de las Naciones Unidas para el desarrollo, la corrupción es el mal uso de los poderes públicos, cargo o autoridad, para el beneficio privado mediante el soborno, la extorsión, el tráfico de influencia, el nepotismo, el fraude y otras conductas que atentan contra el bien común".

"Es una patología social y nociva para la democracia que impide la generación de capital social, que agrega valor y limita el crecimiento económico al elevar los costos de servicio que presta el gobierno. Esto desalienta la inversión ya que no hay certidumbre de los costos reales de los proyectos ni del tiempo para lograrlos. Ello provoca que la economía sea poco competitiva, altamente costosa y lenta para tomar decisiones. En Puerto Rico la corrupción proviene mayormente por el partidismo y el clientelismo político y ha culminado en la convicción de funcionarios de alto nivel ejecutivo, legislativo y empresarial". Lo escrito en los párrafos anteriores son parte de la columna "Obstáculo para el desarrollo" escritos por Eneida Torres de Durán, Directora Ejecutiva del Centro de Gobernanza Pública y Corporativa, para Tribuna invitada del periódico El Nuevo Día del 22 de enero de 2015.

La corrupción es el mal uso de los recursos y poderes del pueblo y no una mina de oro sin dueño. Lo que hay pertenece en equidad al ciudadano y es responsabilidad custodiarlo para beneficio comunitario.

En una de sus frases famosas el insigne pedagogo Eugenio María De Hostos, que además era político, sociólogo y escritor, estableció lo siguiente:
"El Estado unitario es corrupto de nacimiento, (refiriéndose a un Estado donde existe un centro único de impulsión política y una sola estructura institucional de poder, aunque la administración pueda estar descentralizada. Existe una sola Constitución y un ordenamiento jurídico simple y uniforme) todo Estado unitario, en cualquier tiempo, espacio y forma de gobierno, es siempre personal: el Estado es el jefe del Estado. Y como absorbe la iniciativa de los organismos provinciales (el pueblo) y los municipales, sustituye con la ley de su voluntad la autonomía de esas sociedades: de aquí surge la desorganización, y de esta, la corrupción".

La corrupción en el Gobierno de Puerto Rico se puede comparar con lo que pasa con el agua en la Autoridad de Acueductos y Alcantarillados (AAA). El servicio de agua es tan pésimo en la AAA que aproximadamente un 48% del agua potable dirigida a sus abonados se pierde en las redes de tuberías obsoletas o se la roban las personas con tomas clandestinas. En el gobierno, gran parte del dinero presupuestado y las asignaciones de fondos federales que llegan a la isla se pierden en manos de los corruptos, contratos e ineficiencia gubernamental antes de llegar a ser usadas para el bien común.

No es corrupto solamente el funcionario o empleado que saca provecho para sí mismo de la función pública para la que se designó, sino todo aquél que utiliza la influencia o la autoridad de su cargo para obligar a sus allegados a contribuir con dinero o trabajo al adelantamiento de su partido político. A pesar que la Ley de Ética Gubernamental atiende esas situaciones y que la propia Constitución de Puerto Rico prohíbe el uso de fondos públicos para fines partidistas, estas disposiciones han sido ineficientes para atajar la mala práctica. Además, cuando se trata de funcionarios públicos el gobierno arrastra los pies para acusarlos y enjuiciarlos. Existe una corrupción rampante que los funcionarios en el poder se niegan a denunciar contribuyendo así a la impunidad de este delito. Tal parece que existe un código de silencio entre los políticos para protegerse entre ellos.

Hemos visto como en los últimos 30 años solo el Gobierno Federal es el único que acusa y enjuicia funcionarios del Gobierno de Puerto Rico. Algunos de ellos son:
- Víctor Fajardo, ex Secretario de Educación
- Edison Misla Aldarondo, ex Presidente de la Cámara de Representantes
- Jorge de Castro Font, exsenador por el PPD y PNP
- Edgar Santana, exalcalde de Vega Baja
- José Granados Navedo, ex Vicepresidente de la Cámara de Representantes
- Angie Rivera, ex Ayudante personal del Gobernador Pedro Rosselló
- Fernando Tonos, ex Representante por el PPD
- Miguel Rivera, ex Director de la Administración de Instituciones Juveniles
- Norberto Nieves, ex Representante por el PNP
- Freddy Valentín, exsenador por el PNP
- Ángel "Buzo" Rodríguez, exalcalde de Toa Alta
- Bernardo Negrón Montalvo, exalcalde de Villalba

- Transportistas del Departamento de Educación

El caso excepcional, más reciente de corrupción, tiene como escenario el pueblo de Aguadilla. Allí fue acusado por las autoridades federales el contador público autorizado, Ludgardo Acevedo López, por los cargos de corrupción y soborno al Juez de Distrito Manuel Acevedo Hernández. Ambos salieron culpables.

OTRO FACTOR DEL DESCONTROL:
LA DEUDA PÚBLICA

Se darán cuenta tanto el Gobernador como los electores que habitan en la zona púrpura, de que en este momento de la enorme deuda pública que tenemos y la falta de liquidez, solo nos bastaría con un gobierno que no tome más prestado, que termine el cuatrienio sin "déficit" presupuestario, y que trate de reestructurar la deuda existente. Señor Gobernador, no piense solamente en la reelección, hay muchas otras cosas que hacer por Puerto Rico si hay la voluntad, como un presupuesto balanceado para cumplir con lo que en realidad quiere el pueblo. Será usted parte de la historia de la recuperación de Puerto Rico si aprovecha la crisis actual y hace lo que tiene que hacer.

El Gobierno es un ente jurídico creado al amparo de una Constitución con la aprobación de sus constituyentes. A diferencia de los humanos, no llora ni ama, no tiene familia que mantener, no va preso ni le teme a la criminalidad, en resumen, no siente ni padece. Así que la deuda de más de $73,000,000.00 que han dejado los pasados gobernantes recae sobre las costillas del pueblo y sus electores. En último caso somos los que tenemos que pagar con las contribuciones que el mismo gobierno nos impone. El gobierno gasta y el pueblo tiene que pagar. A diferencia del gobierno, que es un ente jurídico creado, a nosotros nos parió nuestra madre y somos de carne y hueso y sentimos y padecemos nuestras desgracias. Sean estas buscadas o dejadas por los políticos. Somos los contribuyentes los que pagamos por todos los gastos gubernamentales. Todos los empleados que tú ves en las diferentes agencias del gobierno son empleados pagados con nuestras contribuciones. Técnicamente hablando son empleados nuestros, pagados por nosotros.

CAUSAS DE LAS DEUDAS Y LA CRISIS FISCAL

La toma de decisiones económicas públicas politizadas (en el gobierno) es la causante de la deuda y la crisis fiscal. Cuando elegimos al gobernador y sus funcionarios, además de delegar nuestro poder político soberano, también le estamos dando una firma para coger prestado. Cuando los gobernantes terminan su mandato, dejan "eso ahí" para que lo pague el que venga atrás. Pero el que viene atrás es otro político con la misma mentalidad, también elegido por electores de la zona púrpura y tampoco paga "na". Lo tiene que pagar el que los eligió y le dio la firma. Tú, mi querido elector, que fuiste el que los elegiste. Por eso tienes que escoger a los candidatos sabiamente.

Al final de cada cuatrienio los contribuyentes pagan por todos los "platos rotos" dejados por sus gobernantes. Tienes que tener conocimiento de las consecuencias de tu voto. Como dice el "compay" si das la firma para un préstamo y éste no lo paga lo tienes que pagar tú. Cuando tú le das el voto a un candidato es como si estuvieras dando la firma para un préstamo. Ya sabes lo que te va a pasar si no lo paga.

Todos los gobernantes después de Sánchez Vilella son en parte responsables de esta deuda catastrófica a los bonistas y la debacle de los fondos de retiro. Excepto el exgobernador Carlos Romero Barceló que no tomó prestado significativamente. No se puede tomar como excusa la deuda estructural de los Sistemas de Retiro para cambiar las leyes de retiro en detrimento de las pensiones de los empleados y maestros para quedar bien con los bonistas. Los bonistas son inversionistas y personas adineradas que pueden aceptar una nueva negociación de la deuda, mientras las pensiones son el único futuro financiero que tienen los empleados para poder vivir cuando ya no puedan trabajar más. Ahora bajo la gobernación de Alejandro García Padilla se pretende seguir tomando prestado. Pero, es tanto lo que se debe, y además, les llegó el momento del repago (vencieron las deudas anteriores) y no tienen el dinero. Los últimos cálculos de la deuda pública indican que cada habitante de esta isla y los que están naciendo tienen una deuda de alrededor de $47,000.00 dólares cada uno. Si lo calculamos a base de los ciudadanos mayores de edad y que pueden votar, entonces cada uno debe alrededor de $167,000.00 dólares.

LAS TRES CRISIS: LA FISCAL, LA ECONÓMICA Y LA POLÍTICA

La crisis fiscal que afecta al gobierno de Puerto Rico no es lo mismo que una crisis económica de país. Fiscal viene de "fisco" es lo vinculado al tesoro público o grupo de entidades públicas gubernamentales dedicadas a recaudar impuestos. Cuando los gobiernos no pueden captar impuestos suficientes para sus gastos y compromisos o gastan más de lo que recaudan en impuestos crean un "déficit" presupuestario o deuda pública, si la deuda es considerablemente alta y no la pueden pagar se puede convertir en una crisis fiscal.

Crisis financiera o económica se usa en un sentido general del pueblo y sus finanzas que no tiene nada que ver con las finanzas del gobierno, sino asociadas a la economía de su sistema financiero, monetario o su sistema económico privado. La crisis fiscal usualmente es provocada, le afecta y la sufre el gobierno. La crisis económica le afecta al país en términos de su movimiento económico. En los momentos en que el gobierno de Puerto Rico pasa por una crisis fiscal, no quiere decir que los negocios e instituciones financieras estén en quiebra o sin obtener ingresos suficientes, estos pueden seguir operando normalmente. Pero en la medida que las consecuencias de la crisis fiscal del gobierno afecten el comercio y los bolsillos de los ciudadanos, estas pueden llevar al país a una crisis económica. Yo diría que en estos momentos tienen a Puerto Rico en un estancamiento económico. Muchas de las medidas sugeridas para sacar al gobierno de su crisis fiscal son las mismas que podrían llevar al país a una crisis económica. Alza en los impuestos, desempleo gubernamental, alza en luz, no pagar los retiros de empleados públicos, no pagar a los suplidores, bajar el salario mínimo, aumento a la gasolina, aumentar el IVU a un 16% y otras por el estilo. Hay que establecer un balance para que esto no suceda. Esta crisis económica muchas veces no es sentida por una gran parte del país debido a las ayudas gubernamentales ("welfare") que reciben más de la mitad de la población, pues seguirán recibiendo la misma ayuda. También hay muchos políticos que viven en la zona de "confort" con buenos salarios y beneficios marginales que no se dan cuenta de la magnitud de la crisis fiscal y económica. Muchas de las acciones que han debido tomar los políticos para atajar la crisis han sido pospuestas debido al partidismo político, la desconfianza y el costo electoral que implica para los partidos políticos, en especial al partido de turno. No hay voluntad política. Todo esto explica la crisis política.

LAS OBRAS DEL GOBERNANTE DE TURNO

Cada vez que entra un gobernante al poder tanto él, al igual que su séquito y su partido ya tienen las miras puestas en prevalecer en las próximas elecciones para mantenerse en el poder. Para esto no solo tiene que proveer unos servicios básicos al pueblo, sino que tiene que hacer obras permanentes que dejen una señal inequívoca de su paso por la gobernación durante ese cuatrienio. De esa misma forma, y durante los últimos 40 años, todos los gobernadores se han colocado en la misma situación. Esto ha resultado en que han tomado dinero prestado a inversionistas para lograr obras y poder ir más allá de los límites razonables. Los préstamos se hacen a través de "bonos" o pagarés a 5, 10, 20, o 30 años con intereses hasta de un 8%. Cuando se vence el tiempo del bono hay que pagar el principal del bono; mientras tanto, mensualmente hay que pagar los intereses. ¿Y saben ustedes de dónde sale el dinero para pagar los intereses y el principal? Adivinaron. Sale del dinero de las contribuciones que paga el pueblo al Gobierno. Los gobiernos irresponsables han hipotecado el futuro y el crédito del pueblo de Puerto Rico a cambio del ansia de poder de unos pocos. Pero no toda la culpa es de ellos, parte de esta debacle se debe a que el pueblo no cumplió con su responsabilidad civil de fiscalizar e indignarse.

PRÉSTAMOS DEL GOBIERNO CON CARGO A LOS Y EMPLEADOS

De la misma forma el gobierno tomó dinero prestado al fondo de Retiro de los Empleados Públicos, el Retiro de los Maestros, a La Asociación de Empleados y otras agencias del gobierno y nunca los pagó. También ha tratado de tomar prestado fondos de reserva que tienen agencias como la Corporación del Fondo del Seguro del Estado y la Administración de Compensaciones por Accidentes de Automóviles (ACAA). Al cabo de cuatro décadas (40 años) se han acumulado en préstamos la cantidad de $73,000 000.00 millones de dólares a los bonistas sin contar lo que le tomaron prestado a los retiros de los empleados y los que tomaron prestado las agencias públicas. Este retiro de fondos de los planes de retiros públicos, por el gobierno, aceleró la insolvencia de los mismos.

TIENEN QUE APROBAR PRESUPUESTOS BALANCEADOS

Los gobernantes y sus funcionarios tienen que aceptar, que la fórmula económica adoptada por todos esos gobiernos anteriores no han estado a la par con la producción y los ingresos del país. Simplemente le sale muy caro al pueblo pagar por los servicios que recibe porque el Gobierno no puede producir lo suficiente para cumplir con los gastos, sueldos y promesas de sus partidos y sus políticos. Todavía no se han dado cuenta que hay que reducir los gastos, las obras para los gobernadores y los contratos. Con los impuestos e ingresos obtenidos de los ciudadanos y los fondos federales no son suficientes para balancear el presupuesto. Parte de estos fondos federales los obtiene el Gobierno Federal de su comercio con Puerto Rico a través de las grandes empresas americanas establecidas en Puerto Rico.

FALTA DE FISCALIZACIÓN DE LOS CIUDADANOS

No podemos poner cada cuatro años a los cabros a velar nuestras lechugas y luego no supervisarlos durante el cuatrienio. La responsabilidad civil que tenemos que ejercer no es una de votar cada cuatro años, es de fiscalizar durante todo el cuatrienio y todos los cuatrienios en que podamos respirar. No deje en manos del partido de oposición fiscalizar el Gobierno y la Legislatura. Ellos fiscalizarán para señalar las fallas del gobierno de turno que puedan traerlos de vuelta al poder y callarán las que le perjudiquen. No crean que están defendiendo los intereses del pueblo, defienden los suyos y los de su partido para volver al poder.

VIOLACIONES A LA CONSTITUCIÓN

"Es peligroso tener razón, cuando el gobierno está equivocado", dijo Voltaire.

-La votación o referéndum de consulta al pueblo sobre la unicameralidad, donde la mayoría votó a favor del cambio, debió implementarse. Fue un acto de la mayoría de un pueblo. El gobierno de turno lo ignoró al igual que los que le siguieron. Así como ignoró el derecho a la libre expresión de los estudiantes universitarios durante la pasada huelga de la Universidad de Puerto Rico (U.P.R.) Agredieron a los universitarios y a todas las personas que se encontraban allí para respaldarlos en un genuino acto de expresión pública respaldado por nuestra Constitución. Luego, tomando como excusa esta expresión pública, el ex Presidente del Senado, Lcdo. Tomás Rivera Schatz cerró el Capitolio al pueblo y a la Prensa.

-Durante la gobernación del licenciado Luis Fortuño, en su afán de controlar políticamente la Universidad de Puerto Rico, casi la destruye. Como una baja colateral, también casi destruye el objetivo primordial de nuestro principal centro docente; la Educación. Veremos si el Gobernador Alejandro García Padilla tratará de hacer lo mismo con la elección del Dr. Urayoán Walker a la presidencia de la UPR o si va a mantener como su objetivo primordial la educación.

-También ignoran las opiniones de los legisladores de las minorías, tanto en la Cámara como en el Senado. En la medida que los ignoran, también ignoran a la parte del pueblo que representan estos legisladores. Con toda intención y sin disimulo de querer inclinar la balanza partidista hacia el partido que está en el poder.

-Escogen y nombran los jueces del Tribunal Supremo de manera que profesen la misma ideología del partido de turno para que en las decisiones importantes fallen a favor del partido y las personas que los nombraron.

-Aumentaron el número de Síndicos en la Junta de la Universidad de Puerto Rico para tomar el control e imponer el criterio del gobierno.

-Legislaron para cambiar la ley electoral de manera de que puedan prevalecer y atornillarse en el poder.

-Eliminaron la colegiación de los abogados para callar una voz disidente; ya que no respondían a los intereses del partido en el poder.

-Despojaron al juez Presidente del Tribunal Supremo de su facultad administrativa para designar a los jueces a cargo de las salas electorales.

-Intentaron aumentar el número de jueces al Tribunal Supremo para obtener una mayoría partidista que dure por los próximos veinte (20) años.

(Estos actos constituyen intentos por organizar un régimen autocrático o absolutista.)

-Aprueban legislación por descargue y sin vistas públicas como requiere la Constitución. Mediante leyes y proyectos, han lacerado el buen funcionamiento de la Asociación de Empleados del ELA. A partir de junio de 2009, la Asociación ha sufrido cambios de dirección ejecutiva y de directiva en la junta de directores. Designaron nueve (9) directores de la junta sin ser electos por los socios dueños. Han eliminado de un plumazo un efectivo modelo de democracia y gobernabilidad al cercenar las facultades de la asamblea de delegados para fiscalizar y supervisar.

-Ahora el Gobernador García Padilla quiere gobernar por órdenes administrativas.

LOS PROCESOS ELECTORALES ESTÁN CONTROLADOS POR LOS PARTIDOS

Nuestra Constitución, en el Artículo VI, Disposiciones Generales, Sección 4, nos habla sobre las elecciones generales en nuestro país. Nos dice cuándo y cómo serán, quiénes serán elegidos y quiénes serán electos. Se dispondrá por ley de todo lo concerniente al proceso electoral, y de inscripción de electores, así como lo relativo a los partidos políticos y candidaturas. También cómo serán elegidos los funcionarios de gobierno. Actualmente estos procesos se disponen a través de la Junta Estatal de Elecciones.

Las leyes para regular todo lo concerniente a los procesos electorales obviamente son redactadas y aprobadas por nuestra legislatura. (Aquí es que se comienza a viciar el proceso eleccionario.) Luego de redactar y aprobar las leyes para el proceso eleccionario, se forman los partidos y se presentan los candidatos y los electores votan.

Pero este proceso eleccionario está viciado y prostituido por los mismos que hacen y redactan las leyes. Ellos legislan para el beneficio de los candidatos y los partidos políticos y no de los electores. Cada partido político cuando está en la gobernación trata de cambiar las leyes y de legislar a su favor.

Todos los partidos están controlados por sus juntas de gobierno y su maquinaria política. En muchas ocasiones, por los grandes intereses económicos y recaudadores de campañas políticas. El proceso electoral se ha convertido en una competencia sobre qué partido recauda más dinero para su campaña con la consabida expectativa de los que militan en las campañas reciban beneficios económicos a través de puestos y contratos en el gobierno, restándole efectividad a los procesos electorales. Los partidos señalan los candidatos que quieren y los postulan respaldados por sus maquinarias.

La Comisión Estatal de Elecciones está controlada por los comisionados electorales de los partidos. Se legisla a espaldas del pueblo para que esto sea así. El partido político en el poder es el que más controla. Los partidos tienen más poder en las decisiones de la Comisión, que el presidente y la comisión.

La Cámara y el Senado están controlados por los "caucus" políticos de cada partido. Ellos determinan cómo y por qué votar, protegiendo los intereses de sus partidos y olvidándose de los intereses del pueblo.

Recientemente tuvimos el caso del representante Pedro Julio "Pellé" Santiago Guzmán, quien después de votar en contra del "caucus" del Partido Nuevo Progresista en la Cámara, la delegación nuevoprogresista lo expulsó del "caucus", le retiró sus funciones en las comisiones, lo censuró y lo condenaron al exilio cameral. Lo tildaron de traidor y querían hasta retirarlo de su cargo como legislador, pero la Constitución del ELA protegió al legislador en su Artículo III, Sección IX. También protegió el derecho de los electores a su representación en la Cámara con un candidato electo por ellos. Una vez electo el candidato, el partido no puede separarlo de su cargo. Recientemente cuatro Representantes del partido Popular no votaron por una legislación para aumentar el IVU a un 16% y fueron tildados de disidentes y "peseteros". La independencia de criterio de conciencia de un legislador está reconocida. Recuerde que el pueblo debidamente constituido es el que manda y tiene el poder.

Los partidos se han apoderado de la maquinaria electoral de tal forma que prácticamente no permite que otras personas que no sean los escogidos e identificados con los partidos sean electos. Las personas escogidas tienen que ser leales a los podridos postulados del partido donde militan. Si no cumplen con esos postulados tratan de sacarlos del partido o asegurarse que no sea candidato en la próxima elección. ¿Verdad Pellé?

SEGUNDA PARTE

SOBRE CÓMO FUNCIONA
LA POLÍTICA PARTIDISTA

50

"La política está en el aire mismo que respiramos,
igual que la presencia de Dios".
-Graham Greene

LOS POLÍTICOS

En las campañas políticas muchos de los candidatos que aspiran a un cargo público dicen que lo hacen para servirle al pueblo, pero entrados en la campaña demuestran lo opuesto; vienen a servirse del pueblo. Los que vienen con la vocación de servir son una especie en extinción. Muchos de los políticos de ahora, buscan hacer una carrera para vivir de la política, gracias a la ley del legislador a tiempo completo. Muchos quieren ser legisladores y otros como contratistas. En la década del 90 a partir del 1995 cuando se aprobó la Ley del legislador a tiempo completo se creó una nueva profesión: la de "legislador". Antes eran ciudadanos "part-time". En la campaña del 1992, Victoria Muñoz Mendoza llamó "carreristas políticos" a los contratistas. Así lo expresó la periodista del Nuevo Día, el 10 de mayo de 2014, Irene Garzón, en el artículo "Cuidado con los carreristas políticos".

También la periodista nos da ejemplos de "carreristas Políticos como "Leo" Díaz Urbina, entre otros, que la mayor parte de su vida ha vivido de contratos, primero en la legislatura y luego como contratista en diferentes agencias y municipios.

Usted no ve a ningún Representante o Senador respaldando y apoyando a otro del partido de oposición. Note usted que todo lo que sugiere o hace el contrario, no sirve o no va funcionar. Se pelean por ser el protagonista (egocéntrico) de la legislación presentada. Nada de lo que hace el otro partido es bueno para el pueblo o para el otro partido. Tampoco ve a un partido político uniéndose con el otro en "issues" donde hay convergencias y se pueden hacer alianzas. Además creo que la Ley Electoral no lo permite. ¿Qué le parece?

Todo lo contrario, se sabotean los proyectos de ley y las ideas para que no se le acrediten a la oposición. La palabra que usan para describir esto en los programas de chismes es que es una "tiraera" entre los partidos y los políticos. Es como si en la "carta de colores" el azul, el verde y el rojo no pudieran mezclarse. (Pero recuerden que esta mezcla ya ocurrió en Vieques y fue fructífera). A pesar de esto, los rojos (PPD) y los azules (PNP) se mezclaron para crear la "zona púrpura" que yo le llamo la "zona de la demencia política". Podríamos señalar esta "tiraera política" como la causante de confundir al pueblo, no solo al elector de la oposición, sino al elector de su mismo partido. No será posible que estos electores confundidos emitan un voto racional el día de las elecciones. Esta confusión trae el descontrol. Cuando entran a la caseta de votación con esta confusión se limitan a hacer una sola cruz bajo la insignia de su partido por el temor de hacer algo indebido o que perjudique a su partido.

Nos cuenta el humorista Silverio Pérez, en su columna "La mente del trovador", en el Periódico El Nuevo Día, que estando en la plaza del pueblo de Comerío, el Día del Descubrimiento, se topó con el final del Concurso nacional de trovadores. Allí, nos cuenta, tuvo la oportunidad de escuchar a Omar Santiago, uno de los finalistas en el concurso, en el momento que competía en la final con el pie forzado "embriagados de poder". Dice Silverio que le tomó dos minutos componer y empezar a cantar estos versos:

> Hay políticos que son
> de frente de una manera
> y cuando el ego prospera
> olvidan la población
> se sientan en un sillón
> y tuercen su proceder
> andan como sin saber
> el rumbo por donde van
> sin darse cuenta que están
> embriagados de poder.

Nada, estos versos lo llevaron a la final junto a otros cinco finalistas.

Los políticos, como dice "Walo" Dávila el hijo de doña Provi, comentarista de WKAQ Radio, "son como un árbol de navidad, solo sirven para adornar", bueno algunos. La política partidista sabe cómo manipular a los electores para que vuelvan a elegirlos nuevamente o para elegir los candidatos presentados por el partido. Tenemos que elegir personas que trabajen por el pueblo y no para beneficio de ellos y su partido. Pueden ser candidatos independientes. Me encanta repetir.

"Los procesos políticos son demasiado serios para dejárselos a los políticos", dijo Nelson Oxford. Ellos son parte del problema. Somos nosotros los responsables de nuestro presente y nuestro futuro. Tenemos que aprender a lidiar con nosotros en primer lugar, y luego con los políticos y sus tácticas. Tenemos que aprender de nuestros errores y no volver a cometerlos.

Identifiquemos consensos y comunidades de intereses y forjemos alianzas. La Alcaldesa Carmen Yulín Cruz ganó la alcaldía con consensos y alianzas. Nadie le daba una oportunidad de triunfo. Los políticos y sus partidos siempre nos guían para que hagamos lo mismo, de forma de siempre obtener los resultados que ellos desean (zona de demencia). Su meta es la reelección a como dé lugar y su estrategia es la demagogia.

Entre los políticos y los partidos no hay solidaridad. En el mundo de la política no deben haber ganadores ni perdedores, donde el que gana es el que vale. En cada elección debe ganar el pueblo; los políticos son meramente delegados del pueblo que los eligió. Luego de las elecciones, no importa el ganador, hay que solidarizarse con el ganador para hacer lo que hay que hacer por el pueblo que los eligió. Lea el artículo escrito por el educador y consultor Waldemar J. Ramírez, "Se busca a los imprescindibles", publicado el 22 de noviembre de 2013, en el Nuevo Día, el cual amplía de una forma más elocuente lo escrito aquí.

Su *modus operandi* es la mentira y el protagonismo. Por supuesto, ellos conocen más nuestro comportamiento electoral que nosotros el de ellos. Nuevos partidos emergentes nos han dado muy buenas alternativas para hacer el cambio pero no las aceptamos porque conviene más aquel partido que nos ofrece empleos políticos, contratos, subsidios, puestos de poder, y participación en la corrupción del nuevo gobierno. El pueblo ha perdido la confianza en la habilidad de nuestros políticos (no importa el color) de administrar efectivamente el país y en la capacidad de éstos para sacrificar sus intereses y defender los del pueblo.

Por naturaleza los políticos y sus partidos enfocan sus esfuerzos en alcanzar el control del gobierno para conseguir sus objetivos personales, los de su partido y lo más que les interesa; su reelección. Los políticos han secuestrado nuestra soberanía política dentro de esta zona de demencia; y nosotros hemos dejado que esto ocurra. Actualmente, los partidos y sus líderes no tienen visión ni misión de pueblo.

"A FEW GOOD MEN"

No deseo que se interprete que lo dicho hasta aquí sobre los políticos, es con la intención generalizar. Esto me trae a la mente la película titulada "A few Good Men", dirigida por Rob Reiner y protagonizada por Tom Cruise, Jack Nicolson y Demi Moore donde unos abogados del ejército (Cruise y Moore) defienden a dos soldados de asesinato en primer grado en una corte marcial. Los defienden valientemente sobre toda la maquinaria militar y sus superiores y consiguen su absolución del cargo de asesinato. Sé que en Puerto Rico todavía existen algunos buenos legisladores y funcionarios públicos ("But just a few").

Me quito el sombrero ante estos pocos políticos que todavía piensan y trabajan para el pueblo. No es fácil ir en contra de los corruptos, los "caucus" y de las maquinarias de sus propios partidos (Pregúntenle a Pedro Julio "Pelle" Santiago Guzmán). Esto significará que no habrá respaldo para un nuevo término. Para encontrar y elegir los pocos políticos buenos que quedan o puedan postularse necesitamos mucho conocimiento y educación política, ¿Qué quiénes son? "Por sus obras los conoceréis". En los momentos que escribo este libro los "Few Good Men" son una excepción y no una regla, aunque muchos son rehenes de sus propios partidos y de la forma en que se toman decisiones en los procedimientos políticos. Como se popularizado decir Jamás esperes mucho de aquéllos que prometen demasiado; es mejor estar sorprendido que decepcionado", lo expongo como consejo.

EL PRÍNCIPE

Tal parece que todos los políticos tienen que leer el libro <u>El Príncipe</u>, de Nicolás Maquiavelo, para llegar al Rango de Político I. El libro se trata de una teoría política de origen italiano, que data del 1513 y enviado como regalo a un príncipe italiano que lo había acusado de conspiración. Es la obra de mayor renombre del autor, aquello por el cual se acuñaron el sustantivo de Maquiavelismo y el adjetivo de maquiavélico y aunque nunca lo dijo, se le atribuye la frase: "el fin justifica los medios", ya que resume muchas de sus ideas. Este libro nos dice que la política es el arte de conservar el poder aunque esto signifique obrar en contra de la fidelidad, la religión, la ética, la moral y la humanidad. Solo interesa conservar el poder. Dice el autor, es indispensable aparentar las virtudes que no se tiene. El dice que el Príncipe debe ser hipócrita y mentiroso, que aquél que engaña encontrará siempre a quien se deje engañar. Léalo, le ayudará a entender la filosofía partidista actual aunque hace mucho tiempo que se publicó este libro.

Necesitamos que nuestros políticos sean los primeros en modelar el comportamiento que quieren ver del pueblo; solo así podrán ganarse la confianza de nuestra gente y solo así trabajaremos hacia el bien común.

¿QUÉ ES UN PARTIDO POLÍTICO?

Además de los requisitos de inscripción que tiene cada país, los partidos son entes organizativos a los cuales se les reconocen derechos para participar en procesos de elecciones políticas por medio de la presentación de candidatos y programas de acción o gobiernos (plataformas). Así como de proveer los funcionarios a cargos de confianza política o que requieran de una decisión política antes de una técnica. No son órganos del Estado o del gobierno, ni han sido creados por los votantes, ni representan la voluntad general; por lo que no tienen poder para destituir de sus cargos a los representantes que, en efecto, habían sido electos por los electores, aunque se permite que los partidos presenten a sus candidatos a los electores como propios. "No son fines en sí mismos, son medios históricos que utilizamos para obtener esperanzas colectivas." Los partidos políticos tienen funciones muy importantes que cumplir en los gobiernos democráticos. No solo organizan al pueblo para su participación política y la defensa de sus derechos, sino que son laboratorios de análisis de las realidades de un país, que busca soluciones para sus problemas. Es responsabilidad civil de los ciudadanos velar para que los partidos no degeneren en una partidocracia.

"Los partidos nacen, se desarrollan y mueren y, cuando es preciso, se crean otros, a partir de nuevos retos y paradigmas", nos dice el sacerdote y escritor Ángel Darío Carrero en su columna "El lirio de la esperanza" en la sección de Perspectiva del Periódico El Nuevo Día del 28 de diciembre de 2014. El padre Darío falleció el pasado mayo pero siempre nos seguirá acompañando a través de la esperanza. Para evitar el bipartidismo y la "partidocracia" hay una nueva tendencia a presentar candidatos independientes, de plataforma comunitaria, que no respondan a los partidos políticos.

¿QUÉ ES UN "CAUCUS" POLÍTICO?

Es la reunión de los miembros del cuerpo legislativo que a su vez son miembros de un mismo partido político para decidir directrices partidistas. En Puerto Rico, la decisión de la mayoría obliga al resto de la delegación, o según se estipule en el reglamento del partido. Es como una camisa de fuerza para cada miembro de la delegación. Aunque sea democrática en el seno del caucus, no lo es para los electores, pues se trata de una forma de favorecer al partido al cual pertenecen para prevalecer en unas próximas elecciones. Usualmente evalúan el costo político de una legislación presentada para analizar si conviene su aprobación en términos de los votos que puedan perder.

EL USO DE LA DEMAGOGIA Y LA RETÓRICA CAUSA CONFUSIÓN

La mayor parte del tiempo los electores y el pueblo son confundidos por los políticos en muchos de los "issues" del país, especialmente en aquellos que tienen que ver con las elecciones y el "status". Esto se debe al uso de la demagogia y los discursos retóricos que los políticos usan al dirigirse a los electores con el propósito de confundirlo. Toman como un hecho la ignorancia electoral de los ciudadanos. Pero no todos lo son.

Si fuéramos a señalar a los culpables de la confusión, esta culpa sería una compartida. Los partidos y los políticos por la "tiraera", el uso de la demagogia, la retórica, la propaganda y el engaño; y a los electores por su apatía e ignorancia para cumplir con su responsabilidad civil y por no continuar educándose personalmente ni políticamente. ¿Dónde está su responsabilidad civil? Definitivamente no basta con salir a votar cada cuatro años.

El propósito de este libro es abrirle los ojos para que no sea víctima de estos depredadores políticos. Si después de educarse todavía sigue con la confusión, entonces solo le queda orar:

ORACIÓN DEL ELECTOR
Dios, dame la mentalidad para entender
las confusiones causadas por la política partidista,
valor para escoger las cosas
que son verdaderas y descartar las que son falsedades
y sabiduría para conocer la diferencia.
Libérame de la zona púrpura de la demencia.

NOTA: No vaya con demasiada prisa, deje que la sabiduría lo alcance. La sabiduría es hija de la educación. Siga educándose.

¿QUÉ ES LA DEMAGOGIA?

La demagogia es un término de origen griego, y este proviene de dos vocablos griegos, "demos" que significa pueblo, y "agien" que significa dirigir, por lo que demagogia significa guiar al pueblo hacia los intereses del que lo dice. La demagogia es una estrategia utilizada por los políticos para conseguir poder político. Consiste en la manipulación de los sentimientos de la gente, en apelar a prejuicios, emociones, miedos y esperanzas del pueblo para ganar apoyo popular mediante el uso de la retórica y la propaganda. Como por ejemplo: "cuando ganemos las elecciones le daré trabajo a todos y cada uno de ustedes". El gobernador García Padilla dijo algo parecido cuando prometió 50,000 empleos en los primeros 100 días de su mandato.

¿QUÉ ES LA RETÓRICA?

La retórica es el uso de adornos y palabrerías en el uso del lenguaje, para que, además, de llevar una comunicación, ésta sea persuasiva para lograr el objetivo que se persigue. Es una forma corrupta y degenerada de los partidos y sus políticos para engañar y obtener el poder. El uso de adornos y palabras bonitas en el mensaje no se debe confundir con la oratoria y la elocuencia. Algunas formas de demagogia son: la falacia, manipulación del significado, omisiones, redefinir el lenguaje, tácticas de despiste y las mentiras.

EL PARTIDISMO Y SU COSTO

En "Cartas de Lectores" del Nuevo Día, del 26 de junio de 2014, la lectora Ivette Cofiño Robles escribe lo siguiente, bajo el título: "Costo social del *artidismo":
-    "Ningún Gobierno puede salir adelante:"
-    "Mientras prevalezca la práctica de aprobar leyes según agendas políticas de mayoría o minorías".
-    "Mientras se aprueban puestos y contratos por "aportaciones" en campañas político-electorales".
-    "Mientras las contribuciones del ciudadano se tiren por la borda y se conviertan en "aguas turbias".
-    "Mientras que el título de "Honorable" siga perdiendo su honorabilidad".

- "Mientras el pueblo siga pagando escoltas y cantidades exhuberantes en pensiones".

- "Mientras un puesto político sea razón para una buena pensión" sin hacer mucho esfuerzo".

- "Mientras partidos políticos continúen la agenda de "quítate tú pa' ponerme yo" y el ciudadano sea el "gancho" para adquirir su "sueño dorado".

- "Ningún gobernante podrá sacar este país adelante con tantas piedras en el camino. Con "escoba en mano"...a barrer las piedras entorpecedoras. Difícil, sí, pero no imposible".

VENTAJERÍA POLÍTICA

La aprobación de la Ley 108, que en opinión del gobierno fue para darle un alivio a las personas de 60 años o más en la compra de entradas a espectáculos en facilidades pertenecientes al gobierno, resultó en detrimento de la clase artística y de los promotores de dichos espectáculos. El descuento aprobado tenía que ser absorbido por los artistas y promotores resultando, muchas veces, en una pérdida para ellos.

Es un "ñame" legislar con dinero de otros. El que quiera "piragua" que se raspe sus propias "piraguas"; y como diría Alfred D. Herger "el que quiera azul celeste que le cueste". La ayuda a los retirados es siempre bienvenida, a éstos nunca les aumenta la pensión y el poder adquisitivo del dólar disminuye a través de los años y cada año la pensión mengua. La nueva ley debe estar balanceada para beneficio de ambas partes.

EL COSTO POLÍTICO PONE FRENO A LOS INTERESES DEL PUEBLO

Muchas veces oímos que un partido político, el gobernador o la legislatura va crear un comité para estudiar el costo político de alguna ley o la solución de algún problema en particular que afecta al pueblo. No se dan cuenta que con esta decisión están anteponiendo sus intereses y los de su partido político por encima de los intereses del pueblo. No están pensando en el bien común si no en su reelección y en la continuación en el poder. Costo político se reduce a pérdida de votos. Hablando en arroz y habichuelas, cada vez que hay un costo político, usualmente es porque hay algo para el bien común donde el pueblo es el que se beneficia.

El gobernador actual, el señor Alejandro García Padilla, tiene un gran reto ante un posible costo político. Es la tentación de seguir tomando prestado para hacer obra, a pesar de lo que se debe ($73,000,000 millones) o no tener obras al final del cuatrienio para presentar a los electores que viven en la zona de la demencia y así lograr ser reelecto a un nuevo término. El costo político se mide a base de los votos que va a perder su partido y el beneficio que recibe el pueblo.

LA FALTA DE GOBERNABILIDAD

Además de lo expresado hasta aquí, también tenemos un problema de gobernabilidad que tiene su raíz en la falta de educación, de ética, de valores, y de principios de los políticos, de las prioridades del pueblo y la irresponsabilidad social. La gobernabilidad se utiliza en la actualidad, en el lenguaje político, como una forma de describir la capacidad de los gobiernos para controlar el descontento social, o en todo caso para manejar la inseguridad pública. Estas acepciones que se le dan a la gobernabilidad deben analizarse desde el punto de vista académico. Para esto propone básicamente dividir el estudio de la gobernabilidad en cinco partes:
   - Capacidad del gobierno para llevar adelante la economía.
   - La capacidad gubernamental para garantizar servicios sociales mínimamente adecuados.
   - Control del orden político e institucional.
   - Capacidad del incumbente para gobernar.
   - Condiciones del Estado al que pertenecemos para facilitar la gobernación.

Se entiende a la democracia como forma de gobierno; y a la gobernabilidad como grado o cualidad de gobierno. Es la democracia la forma de gobierno que mejor garantiza la gobernabilidad.

GOBERNABILIDAD Y DEMOCRACIA

Los retos para la democracia es que esta se integre a la sociedad de forma práctica y no solamente como forma de gobierno; esto es, que tanto las demandas e intereses colectivos estén representados al momento de la toma de decisiones: al mismo tiempo estas decisiones deben ser expeditas aunque nunca en detrimento de los procedimientos democráticos.

En la medida en que los principios y valores de la democracia (cultura política) configuren el régimen político, sustenten las diversas fórmulas de toma de decisiones y animen las políticas públicas, estaremos ante la presencia de un modelo de gobernabilidad democrática. La democracia se acercará al modelo en la medida que se vincule en su funcionamiento con la sociedad y sus demandas. Siendo la suprema finalidad la satisfacción de la mayoría.

EL PRESUPUESTO: JUGOSO BOTÍN DEL PARTIDO ELECTO

No es ningún secreto, que cada cuatro años, los partidos, además de querer ganar las elecciones, tienen como objetivo tomar las instituciones gubernamentales para ponerlas al servicio de su partido. Quieren administrar el presupuesto del país que anualmente sobrepasa los nueve mil millones de dólares ($9,000,000.00). Las asignaciones presupuestarias son la forma favorita de los políticos y los partidos obtener dinero para fines no gubernamentales. Como dice el Lcdo. Luis Dávila Colón, analista político de WKAQ Radio: "Lechuga para los cabros". Tampoco se trazan un orden de prioridades de manera de hacer el mejor uso de los fondos. (Esta suma podría aumentar a unos $28 millones si tomamos el presupuesto consolidado que incluye los fondos federales y los ingresos de las corporaciones públicas). Casi todos los años, las asignaciones presupuestarias sobrepasan los ingresos recaudados y luego tienen que tomar prestado (emitir bonos) para poder cumplir con los compromisos hechos. Esta forma de disponer del dinero en el presupuesto hace que violen la disposición en el Artículo 6, Sección 19 de nuestra Constitución que establece que las asignaciones hechas para un año económico no podrán exceder los recursos calculados para ese año económico. La Constitución dispone que tiene que haber un presupuesto balanceado. No se puede tomar préstamos para cuadrar el presupuesto. Esta es una da las causas de la crisis económica actual, hay falta de voluntad.

EMPLEOS GUBERNAMENTALES: MANTENGO PARTIDISTA

Cada cuatro años los partidos vienen a disponer de los empleos en el gobierno. La mayoría, son una forma de recompensa a unas personas por ayuda en la campaña política aunque sea un inepto y no cualifique para su puesto. Esta es una de las causas por la cual se pierde el control de las instituciones gubernamentales. Muchas de las personas nombradas por la partidocracia no cualifican para el puesto. Inclusive muchas veces las personas competentes y aptas sirven de "alza colas" para conseguir un trabajo. Los empleados no se evalúan por sus méritos, solo tienen que pasar la prueba de la afiliación y de consanguinidad. Necesitamos el mejor talento para el gobierno, pero los filtros partidistas los excluyen, como también excluyen a los que por principios no bailan el son de los intereses partidistas.

Los empleos gubernamentales se convierten en un "quita y pon" cada cuatro años. Como estos funcionarios no tienen liderato ni ideas que aportar vienen con el objetivo de servirse ellos y a su partido y no al pueblo. Muchos no tienen vocación de servidores públicos. Vienen a perpetuar el mantengo gubernamental y el soborno con empleos y puestos para conseguir votos. Al finalizar el cuatrienio, y antes de la veda electoral, acostumbran a nombrar más empleados y atornillar a aquellos de confianza para prevalecer y entorpecer la obra del próximo gobierno.

NEPOTISMO

El nepotismo es parte de este "mantengo", la diferencia es que en vez del partido, son los funcionarios que ocupan cargos públicos, como los alcaldes, que les dan una predilección exagerada a su familia y allegados y a la hora de contratar empleados estatales y municipales, aunque éstos no tengan los méritos. De aquí el dicho: "el que tiene padrino se bautiza". En muchas ocasiones los funcionarios se ponen de acuerdo para que un legislador, por ejemplo, contrate para su oficina, a la esposa de otro legislador, y éste a su vez contrata al hermano del legislador que contrató a su esposa, para un puesto en su oficina. De esta forma disfrazan el nepotismo y burlan la Ley de ética. En esto sí que se ponen de acuerdo aunque sean de partidos diferentes. Ellos se creen que los electores no se dan cuenta. Parece que ser hijo o pariente de un político es una garantía de empleo en el sector público, aunque no tenga los méritos. Tiene que volver a prevalecer en el gobierno el sistema de mérito si queremos tener un gobierno competente.

LOS INVERSIONISTAS POLÍTICOS Y LOS CONTRATISTAS

También de este presupuesto se recompensan a todas aquellas personas que ayudaron en sus campañas, ya sea con su trabajo o económicamente. Entre los cuales se encuentran los candidatos derrotados de ambos partidos, los recaudadores, los asesores y los contratistas. A estos los llamamos los "inversionistas políticos". Aportan a las campañas pero luego pasan la "factura". En los primeros dos años de este cuatrienio se contrataron 29 candidatos derrotados a un costo de tres (3) millones de dólares. Diez (10) pertenecen al partido popular y 19 al partido Nuevo Progresista. De estos candidatos derrotados hay 13 contratados en la Legislatura. Aunque en sustancia los contratos pueden ser legales, en su forma los mismos no son éticos ni morales.

El área de la asesoría y los contratos en el gobierno en cierta forma viene a hacer una guarida para candidatos derrotados en elecciones, de familiares y allegados; es como una recompensa monetaria para recaudadores de las campañas políticas, agencias publicitarias y bufetes de abogados. Pero los contratos más relevantes son los de los "recaudadores" de fondos para campañas políticas en las diferentes zonas de la isla. Los "recaudadores" son los que se pasan haciendo actividades políticas de recaudación de fondos para los partidos y los candidatos a puestos electivos en las comicios electorales. Estos no solo le pasan su factura personal, a los políticos y candidatos electos para que paguen por sus favores en contratos, si no, que recomiendan a otros cuando ellos no tienen el "expertise". Luego le cobran un porciento por la recomendación. Estos contratos constituyen una gran parte de la corrupción gubernamental.

A pesar de que existen límites fijados por ley para el monto de las recaudaciones recibidas en las campañas políticas, ni los recaudadores ni los partidos políticos las cumplen. Durante al año fiscal 2014-2015, el gobierno y las corporaciones públicas otorgaron 39,000 contratos de bienes y servicios. Mientras, en los municipios, la cifra ascendió a 75,000 transacciones contractuales por $1,428.000.00 millones.

En la mayoría de los contratos otorgados a estos "recaudadores", como son devolviendo favores, éstos no cuentan con el conocimiento necesario para hacer los trabajos como deben ser, realizando trabajos mal hechos, incompletos, de baja calidad, malos servicios, y en muchas ocasiones se paga más de lo debido; y lo peor de todo es que cuando se termina el contrato, se dan cuenta que no hacían falta o que hay que hacer el trabajo de nuevo. El caso de la participación de un recaudador en contratos del gobierno es el caso de Johnny Crespo Román y su hijo, Agustín Crespo Rivera, donde la ética, la transparencia y la rendición de cuentas brillan por su ausencia en el contrato del CESCO de la ciudad de Carolina. ¿Y la legalidad?

Está por verse. Dicen que la mujer del Cesar no solo tiene que ser casta, sino aparentarlo.

ESTE ES UN GOBIERNO MACONDO

Estaba yo escuchando el programa Fuego cruzado por la emisora Radio Isla cuando dijeron que algo era "macondo", refiriéndose a una situación política inusual, traicionera, nebulosa y hasta anti-ética. Decían los licenciados Carlos Gallizá e Ignacio Rivera que era una situación "macondo". La curiosidad me llevó a buscar la connotación que tenía la palabra así usada en el programa y encontré que se refería al nombre de un poblado creado en la imaginación del periodista y escritor Gabriel García Márquez, en su novela "Cien Años de Soledad". Era un pueblo fundado en cierta parte del Perú por la familia Buendía. Aparte de que todas las generaciones durante los próximos cien años, terminan en la soledad, era un pueblo condenado a la miseria, calamidades, muerte, incesto, lleno de gitanos, traiciones, mentiras y un estigma de ser un pueblo "notorio". Cuando una situación no es agradable y muchas de las cosas que están pasando son similares a las que pasaron en este pueblo notorio, podemos decir que la situación es "macondo".

MUCHO PROTAGONISMO Y POCO LIDERAZGO

La mayoría de los políticos tienen una tendencia hacia el protagonismo egocéntrico con el afán de obtener votos y engañar al elector. Muchas veces se confunde con el liderazgo y en ocasiones extremas como "notorio", quien es aquél que sobresale desfavorablemente, como lo hicieron los ex senadores Jorge De Castro Font y Antonio Soto (el "CHUCHIN").

El protagonista es el personaje principal de un drama o historia. Persona que desempeña el papel principal en una obra o acontecimiento. Es la tendencia, a toda costa, que tiene una persona a estar siempre en el primer plano de un asunto o actividad y a mostrarse como la persona más cualificada. Tiene que atraer la atención a como dé lugar. Podemos decir que es un protagonismo egocéntrico. Es el afán de destacarse, pisoteando a los demás, como la persona más cualificada e imprescindible para una actividad aunque no lo sea.

TERCERA PARTE

INSTRUMENTOS DE CAMBIO

"Debes de ser parte del cambio
que quieras ver en el mundo"
-Mahatma Gandhi

EN BUSCA DEL CAMBIO

Por naturaleza, el ser humano, además de ser un ser gregario, es por su misma naturaleza una persona reacia al cambio, pero también es evolutiva. A menudo aplazamos o resistimos el cambio porque preferimos permanecer en zonas conocidas aunque no estemos cómodos o complacidos. Nos mantenemos estancados en situaciones indeseadas por miedo a lo desconocido o a los riesgos que puedan surgir. En el campo de la política y el bipartidismo el cambio significa perder terreno, perder electores, es socavar los cimientos de la zona púrpura para liberar al elector y que piense por su cuenta y racionalmente. El cambio no se lo podemos dejar a los políticos. A ellos no les conviene el cambio en la política. Ellos, no solo, no serán parte del cambio sino que lo obstruyen. Nosotros los electores, las comunidades, el pueblo somos los que estamos llamados a ser el cambio. No crea en el dicho "de que es mejor un malo conocido que uno bueno por conocer. Los cambios necesitan de mucha energía.

Actualmente en España y México se están llevando a cabo unos cambios en la forma de elegir los candidatos a los puestos políticos que amenaza al bipartidismo.

LAS LEYES DE NEWTON Y LA INERCIA

Newton estableció tres leyes de física:
1. Todos los cuerpos permanecen en su estado de reposo o movimiento uniforme, a menos que sobre él actúe una fuerza externa.
2. La fuerza es igual a la masa por la aceleración producida en el cuerpo.
3. Para cada acción hay una reacción igual y de signo opuesto.

Es interesante estudiar cómo la ciencia aplica estas leyes de física, pero en este espacio no vengo a explicar estas leyes en términos de la física, si no su aplicación a la falta de energía física o moral (Apatía o indiferencia) para alterar una costumbre o un modo de actuar y pensar (actitud) de los electores en la política. Me refiero a la primera Ley de Newton, la incapacidad que tienen los cuerpos de modificar por sí mismos el estado de reposo en que se encuentran, es la flojera, la inacción, es la resistencia pasiva que consiste sobre todo en no obedecer. Se necesita mucha energía, determinación y esfuerzo para hacer un cambio. Querer hacer todos los cambios de una vez tampoco es recomendable. Pero es nuestro deber buscar ese cambio que tanto necesitamos.

EL INMOVILISMO

"El hombre siempre tiende hacia el inmovilismo", manifestó Aristóteles. Esta resistencia al cambio, en física llamada "inercia", en la política la podemos llamar inmovilismo o la apatía que provoca a la indiferencia. Esta tendencia hacia el inmovilismo en el ser humano, es reconocida, comentada y aceptada por todos los estudiosos del comportamiento humano. Para vencer la inercia se requiere de una fuerza exterior superior que la ponga en movimiento. Como estamos hablando de países y pueblos donde hay muchas personas, estas fuerzas exteriores deben ser significativas.

Muchos países han vencido la inercia o inmovilidad por grandes acontecimientos que han ocurrido a su alrededor; como por ejemplo, en Alemania la caída del muro de Berlín, la desaparición de la antigua Unión Soviética en Rusia, la aparición de la Unión Europea, el derribo de las torres gemelas en Nueva York, la Operación "desert storm" en Iraq y la era del terrorismo.

También por razones étnicas y religiosas y muchos otros acontecimientos que han causado cambios. Estos eventos han provocado que se venza el inmovilismo y se produzcan cambios. Pero estos cambios no han sido por voluntad de las personas sino por eventualidades que ahora son parte de la historia.

En Puerto Rico, no hemos tenido sucesos significativos que provoquen estos cambios, en especial en la política del país. Necesitamos personas como Galileo y Copérnico que propongan nuevas visiones y pensamientos innovadores para crear voluntad humana para vencer el inmovilismo social y político del país. En cuanto a la apatía que provoca la indiferencia, es un problema de la falta de salud mental que permea en el ambiente y la demencia política a combatir.

Hay que despertar a la gente, hacer que la gente se dé cuenta de las cosas y que haya más participación... No es preocuparse es ocuparse. Este es el mensaje: que sean ciudadanos activos en la sociedad.

LOS CAMBIOS QUE DEBEMOS HACER EN LA POLÍTICA

Los cambios en la política de Puerto Rico han venido impuestos por la metrópolis. Somos una colonia. No ha habido cambios profundos como los que se necesitan para resolver los "issues" del "Status" y nuestra relación con la metrópolis. Cualquier cambio sugerido es obstaculizado por fuerzas internas y falta de consenso. Cuando se aprobó en la legislatura la unicameralidad; y cambiar el sistema impuesto por el congreso americano, volvimos a enfrentarnos con la inmovilidad al no protestar y exigir el resultado de la votación del pueblo en las urnas. La Legislatura no aprobó nada y el pueblo no hizo nada; o es que somos conformistas y nos negamos a progresar o preferimos callarnos quedándonos en nuestra zona de comodidad. Así lo explica la Catedrática del RUM, Diana Rodríguez Vega en su columna del periódico El Nuevo Día del 26 de diciembre de 2014, en la sección de Perspectivas.

LA OPINIÓN DE CAMBIO DE LA POBLACIÓN JOVEN

Un centenar de jóvenes respondió al llamado y se reunieron bajo la dirección de la Directora de Agenda Ciudadana, la Dra. María De Lourdes Lara para proponer opiniones e ideas sobre cómo atender más adecuadamente las necesidades de su generación para retenerla en la Isla y evitar la emigración. Expresa la doctora Lara que: "Entiende que si ellos toman conciencia de su lugar en la comunidad, pueden aportar mucho". Algunas de las propuestas fueron:

Valeria Baquero: "Que entiende que las universidades son el centro donde se pueden desarrollar programas para impulsar las microempresas. Sería impulsar la autogestión y así mover la economía."

Christian Martínez: "Hay que utilizar la universidad como motor económico".

Giliannei De Castro: "La gente quiere un cambio, pero no cambian ellos mismos".

Diana Amaro: "Uno de los problemas más grandes es la educación".

Orlando Velázquez: "En vez de crear parchos, se deben fomentar empleos en áreas en las que no existen o son muy pocos".

Gloribel Ojeda: "Atado a un presupuesto balanceado, Puerto Rico debe encaminarse a hacer un plan de país, sugirió. De ese plan debe salir la visión de lo que queremos".

La Doctora Lara dijo que la discusión de los estudiantes sería compilada y se le daría seguimiento en pos de que se materialicen sus ideas. Así lo esperamos. Entre los jóvenes de hoy se encuentran los gobernantes del mañana.

EL PODER PARA EL CAMBIO ESTÁ EN EL PUEBLO, EN SU GENTE

TODOS JUNTOS DEBEMOS SER PARTE DEL MOVIMIENTO HACIA EL CAMBIO QUE QUEREMOS. Si alguna persona cree, o entiende que cambiando de partido o cambiando el gobierno cada cuatro años puede cambiar la situación política y económica de Puerto Rico, recuerde las palabras de Einstein "Hacer las cosas de la misma manera todo el tiempo y esperar resultados diferentes es una locura". Solo las personas, la gente, los individuos, los ciudadanos de este país, unidos solidariamente y en conjunto, pueden crear nuevas alternativas y hacer los cambios que se necesitan. Pero como también nos dijo Einstein hay que tener la voluntad para encaminar ese cambio. "Hay una fuerza motriz más poderosa que el vapor, la electricidad y la energía atómica: la voluntad".

LAS REGLAS DE JUEGO

Nuestra Constitución nos ofrece los poderes y los derechos que necesitamos conocer para participar en el gobierno. ¡Ahí están las reglas del juego! Tenemos que aprenderlas para conocer nuestros derechos y no ser ignorantes políticos ni dejar que uno que las leyó nos saque ventaja de ello. Además de la Constitución de Puerto Rico usted debe saber sobre otros temas los cuales trataremos de explicarles más adelante.

LO QUE USTED DEBE SABER: EN PUERTO RICO HAY TRES COSAS QUE DEBEMOS ATENDER DENTRO DEL MARCO POLÍTICO

1. Definirnos como nación o país o ser parte de otro país. Buscar nuestra identidad como pueblo

    A esto le podemos llamar definir nuestro status. Tenemos que identificarnos ante el mundo como una nación soberana o como parte de otra sin soberanía propia. A pesar de que nos definimos como una democracia ni siquiera somos eso porque una democracia se define como lo que quiere la mayoría del pueblo puertorriqueño pero terminamos haciendo lo que decida la mayoría del Congreso de los Estados Unidos con sus poderes plenarios sobre la isla de Puerto Rico. Somos como un perrito amarrado a una estaca con una cuerda de veinte pies que solo puede hacer lo que quiera, pero dentro de un radio o perímetro de veinte pies. Fuera de ahí estamos restringidos por el amo. Somos como una perrita criada dentro de una verja de "cyclone fence" en un patio de quinientos metros cuadrados. Podemos hacer lo que queramos, pero solo dentro del perímetro de los quinientos metros cuadrados. Nos alimentan, nos dan agua, nos pasan la mano y nosotros meneamos la cola.

2. Clase de gobierno

    Tenemos que decidir qué clase de gobierno necesitamos, ya sea una república, dictadura, asociación, monarquía o democracia.

3. Gobernantes

    Estas son las personas que trabajan para el bienestar común del pueblo. Estos deben ser honestos, trabajar para el pueblo y no para sus intereses personales y de sus partidos. Que tengan visión de pueblo. Tenemos que saber escoger nuestros dirigentes.

TRES BILLETES DE VEINTE DIFERENTES

Estas tres cosas enumeradas anteriormente son tres billetes de a veinte (20) diferentes, para distintos propósitos cada uno, reservados para algo, que queremos conseguir y que no debemos confundir. Para conseguir el primero debemos hacer un plebiscito o una asamblea constituyente. El número dos lo conseguimos por medio de la constitución a través de las reglas de juego establecidas por nosotros mismos en una asamblea constitucional. Y el tercero lo escogemos a través del voto en las urnas.

Pero los políticos nos quieren confundir con los tres billetes de veinte haciéndolos ver como si fuera uno. En algunos eventos electorales cuando el gobernante incluye en unas elecciones un plebiscito es porque no tienen los votos suficientes y tiene que atraer al ciudadano para que participe en el plebiscito y en las elecciones para la gobernación. En cuanto a la clase de gobierno que queremos, por ahora es una prerrogativa del Congreso de los Estados Unidos que nosotros no podemos decidir. Cuando esto suceda recuerde que cada uno es un billete de veinte diferente y no se deje confundir.

EJEMPLO DE UN BUEN GOBERNANTE: JOSÉ ALBERTO MUJICA CORDANO ("PEPE" MUJICA)

Humilde, popular, informal, controvertido y adorado por los sectores populares, José Mujica, quién se destacó en su mandato por su sencillez y estilo de vida austero, renunció al 87% de su sueldo a su llegada al poder. "Es una de las figuras más carismáticas e intrigantes de la política contemporánea" nos informa Ivonne Losada, Directora Ejecutiva del Instituto de Política Pública del Sistema Universitario Ana G. Méndez en su artículo "Chapeau" Pepe, en Tribuna Invitada del 11 de marzo de 2015 del periódico El Nuevo Día. Añadió "que "el Pepe" acaparó no solo la atención de los medios en su país, sino que además logró resaltar en el mapa mundial a uno de los países más pequeños de América Latina (Uruguay). Llegó a convertirse en todo un personaje icónico que supo trascender muy bien ideologías políticas. José Mujica se ganó la atención de todo el mundo por su particular forma de gobernar y su don de gente.

El pasado 1 de marzo, entregó formalmente su cargo a Tabaré Vázquez. El 26 de octubre de 2014, en las elecciones, obtuvo un lugar en el Senado que ocupará al finalizar su mandato. Fue conocido mundialmente por su austera forma de vida y su mensaje contra el consumismo. Vendió la residencia presidencial de verano para financiar programas sociales. El 6 de marzo de 2014, aceptó acoger a seis presos de Guantánamo. Durante su mandato se aprobó la ley de la legalización del cultivo, la distribución y el comercio de la marihuana bajo la regulación del estado.

Escribe en la sección de cartas de lectores del El Nuevo Día del 30 de julio de 2014, el señor Francisco Daniel Torres Turull que un gobernante debe ser como el Presidente de Uruguay, José "Pepe" Mujica, un presidente extraordinario. "El dona el 90% de su salario a obras benéficas, su medio de transportación son dos carros Beetle de los 80, vive en su casa granja, en vez de vivir en lo que aquí en Puerto Rico llamamos la Fortaleza y en los Estados Unidos llamarían La Casa Blanca."

A pesar de su edad, a los 74 años, fue el Presidente de más edad y por el que más han votado en la historia de Uruguay. Mujica ha implementado ideas liberales nuevas en una país lleno de conservadores. Su punto de vista de las drogas es un enfoque del punto de vista salubrista y no criminal. A él le gustaría que Puerto Rico tuviera un gobernador que renuncie a sus privilegios e implante ideas diferentes. Puerto Rico necesita más hombres como el Presidente de Uruguay en el gobierno. Como nos diría Ivonne Lozada, Directora Ejecutiva del Instituto de Política Pública del Sistema Universitario Ana G. Méndez: "En la presidencia, en el senado o en el rancho, hay que quitarse el sombrero. ¡Chapeau Pepe! "Chapeau" significa sombrero en francés. Me quito el Sombrero.

FUENTE DE INGRESOS DEL GOBIERNO

Pagar impuestos es una responsabilidad de los ciudadanos como forma de hacer el Estado más eficiente en sus planes y programas. También debemos vigilar el destino de lo recaudado. Todo el dinero que obtiene el gobierno proviene de las contribuciones que el pueblo paga; tales como multas de tránsito, peajes, sellos de colecturía, permisos, lotería, loto, arbitrios a los autos y botes, contribución sobre ingresos y el IVU y el IVA si lo aprueban. El gobierno es como una iglesia, vive de los ingresos y contribuciones que recibe de sus ciudadanos. La diferencia es que no espera que se los dé, te los impone como un impuesto. El presupuesto del gobierno de Puerto Rico es de un poco más de nueve mil millones de dólares (se presume que si se planifica bien los ingresos recauden esta cantidad). El pueblo escoge y delega en unas personas para que gobiernen y administren ese presupuesto. Estas personas vienen a ser los empleados del pueblo. Cada cuatro años elegimos unos funcionarios representativos del pueblo que vienen con los dientes afilados a administrar un presupuesto y si el pueblo no fiscaliza ni participa en las decisiones que se deben hacer con este presupuesto, muchos políticos se sirven con la cuchara grande en beneficio de sus intereses y de su partido político. No podemos poner las cabras a velar las lechugas, debemos hacerlo nosotros mismos.

¿QUÉ ES UNA DEMOCRACIA?

En nuestro gobierno democrático el poder recae sobre el individuo y las decisiones tomadas en procesos debidamente organizados que resultan en una expresión de la voluntad de la mayoría. El individuo se reserva su voluntad y su opinión las cuales están defendidas por sus derechos individuales garantizados por la constitución. Ese derecho individual es la manera de frenar los posibles abusos de las personas que tienen mayor poder, del gobierno y de las mayorías, con el propósito de proteger los derechos fundamentales y las libertades civiles de los ciudadanos.

Nuestra forma de gobierno es una democracia, donde el poder recae sobre el individuo; y las decisiones que toma el grupo social se sustentan en la voluntad de la mayoría, tenemos que distinguirla de una república. Este último es, en sentido amplio, un sistema político que se fundamenta en el imperio de la ley (la Constitución, la Ley suprema) y la igualdad ante esa ley como la forma de frenar los posibles abusos de las personas que tienen mayor poder, del gobierno y de las mayorías, con el propósito de proteger los derechos fundamentales y las libertades civiles de los ciudadanos. A su vez la república escoge a quienes han de gobernar mediante la representación (democracia representativa) de toda su estructura mediante el derecho al VOTO. El electorado constituye la raíz última de su legitimidad y SOBERANÍA. El sistema democrático es fundamental para la vida de la comunidad puertorriqueña.

¿Qué entendemos por sistema democrático? Democracia viene del griego "Demoskratos". Donde "demos" quiere decir (pueblo) y "kratos" (poder). Es aquél donde la voluntad del pueblo es la fuente del poder público, donde el orden político está subordinado a los derechos del hombre y donde se asegura la libre participación del ciudadano en las decisiones colectivas. El pueblo es soberano debidamente constituído.

"La democracia debe guardarse de dos excesos: el espíritu de desigualdad, que la conducen a la aristocracia, y el espíritu de igualdad extrema, que la conduce al despotismo", dijo Montesquieu. El Sr. Carlos Declet de San Juan en Cartas al lector del Nuevo Día nos da una nueva definición de nuestra problemática: "Ineptocracia": el sistema de gobierno donde los menos aptos para gobernar, son electos por los menos que producen, y donde los miembros de la sociedad más incapaces de sostenerse a sí mismos o triunfar en la sociedad, son recompensados con bienes y servicios pagados por la riqueza o caudal confiscado de un grupo menguante de gente productiva. Gracias señor Declet.

EL VALOR DEL VOTO EN UNA DEMOCRACIA

El voto es el arma más poderosa de un ciudadano en una democracia. Es un medio de expresión del elector. Para muchos es una forma que tiene el elector de desquitarse por los agravios de los políticos y los gobernantes (el voto castigo) pero este debe ser usado en forma racional.

"El voto es un derecho constitucional al que tiene todo ciudadano debidamente inscrito, sin ninguna discriminación motivada por razones de sexo, raza, etnia, creencia, condición social o educativa. Consiste en un reconocimiento del derecho al voto a toda la población con capacidad de discernir libremente en un Estado. Se usa para que los electores elijan libremente los miembros del gobierno, sus representantes y otros cargos públicos."

Una ley federal firmada por el Presidente George Bush en el 2011 protege a los electores de no ser sacados de la lista de votantes al no acudir a votar en unas elecciones. Para poder excluirlo de la lista, el elector tiene que ausentarse de votar dos años consecutivos y hay que notificarle por escrito la intención de sacarlo.

Al cuatrienio de 2012-2016 lo podemos estigmatizar como el cuatrienio de la ignorancia y la inmadurez política. Inmadurez política de sus dirigentes en Fortaleza y fuera de la misma (El Capitolio) y la ignorancia política de los ciudadanos que eligieron esos gobernantes de turno. Esto se puede resumir con una falta de liderato en la política y falta de educación en la ciudadanía. Como dice la periodista Wilda Rodríguez en su columna ¿Inmadurez política o perversidad?, del periódico El Nuevo Día, del 9 de febrero de 2015 y citamos: "el voto del ciudadano tiene que tener valor. En una democracia el voto deber ser útil y a nosotros cada día nos sirve para menos. La periodista va más allá y nos dice que "en la papeleta del 2016 no hay nada que buscar. Que los candidatos que se perfilan dan escalofríos y vergüenza (en esto estamos de acuerdo) y que más vale quedarse en la casa y que gane cualquiera. Y que continuemos trabajando fuera del gobierno hasta que le ganemos".

Aunque nunca pensé en estar en desacuerdo con la periodista Wilda Rodríguez por lo atinada que siempre está en todos sus artículos, sugiero que en vez de que los ciudadanos se queden en su casa y no voten y gane cualquiera; que comencemos a preguntarnos: ¿por qué en esta coyuntura de la política partidista, el voto carece de valor y utilidad?, como ella muy acertadamente nos dice. Yo lo atribuyo, por un lado, a la falta de honestidad, liderato, inmadurez y objetivos de los partidos políticos y sus candidatos. Por el otro lado, a la falta de educación al ciudadano para alentarle la capacidad de procesamiento del torrente de información que proviene de la propaganda política. Esto le permitirá formar juicios y una actitud hacia al descubrimiento interno de las verdades para enfrentar la toma de decisiones al elegir los candidatos.

Por supuesto, la educación hace falta en ambos lados, política partidista y los ciudadanos. Por medio del voto el ciudadano puede poner y quitar sus gobernantes en una democracia. Pero eso lo viene haciendo hace más de cuatro décadas. Lo que no están haciendo es eligiendo los candidatos más adecuados. No tienen la capacidad de procesar la información para formar juicios y descubrir verdades. Tenemos que educarnos. Con los políticos no tendremos que hacer nada. Ellos se darán cuenta que tienen que estar preparados para dirigir, ser honestos, maduros y con objetivos de perspectiva de pueblo si quieren que los elijan para ser nuestros gobernantes. Ser líderes en vez de protagonistas. Cuando los políticos se percaten de esto, nuestro voto será útil y de valor.

Cada país establece sus propias normas y mecanismos sobre la forma en que se efectuarán las distintas elecciones. En Puerto Rico éstas están reguladas por la Ley Electoral y la Comisión Estatal de Elecciones. Pero los ciudadanos deben definir sus objetivos.

El emprendedor Paul E González Mangual y Vicepresidente de Puerto Rico Gourmet Products, nos trae la siguiente fábula. Robert F. Mager relata una fábula que llevamos con nosotros siempre:

"Cierta vez un caballito de mar tomó sus ahorros y salió a buscar fortuna. No había andado mucho cuando encontró a una anguila de mar, quien le dijo: "Buen amigo. "¿Para dónde vas?" "Voy en busca de fortuna", contestó el caballito de mar con mucho orgullo. "Está de suerte", dijo la anguila. "Por la mitad de su dinero le dejo llevarse esta aleta para que pueda llegar más rápido". "¡Qué bien!, dijo el caballito de mar. Le pagó, se puso la aleta y salió como un rayo. Muy pronto encontró una Esponja, quien le dijo: "Buen amigo. ¿Para dónde vas tan aprisa?" "Voy en busca de fortuna", contestó el caballito de mar. "Está de suerte", dijo la esponja. "Le vendo este scooter de propulsión por muy poco dinero para que llegue más rápido". Así que el caballito de mar pagó el resto de su dinero por el "scooter" y surcó los mares con velocidad quintuplicada. De pronto, encontró un tiburón, quien le dijo: "¿Para dónde va mi buen amigo? "Voy en busca de fortuna", contestó el caballito de mar. "Está de suerte. Si toma este atajo", dijo el Tiburón apuntado a su inmensa boca, "ahorrará mucho tiempo". "Sí que se lo agradezco mucho", dijo el caballito de mar y se lanzó al interior del tiburón donde fue devorado".

La moraleja de esta fábula es que si usted no sabe con certeza hacia dónde va, es muy probable que se equivoque de camino. Y es por esto, que siempre debemos comenzar con un por qué.

CADA CUATRO AÑOS DELEGAMOS EL PODER

Nuestro sistema republicano de gobierno, impuesto por el Congreso Americano, según se estipula en nuestra Constitución, (Artículo 1, Sección 2), obliga al pueblo a delegar en el Estado (Democracia Representativa) su inherente potestad de gobernarse, para que éste ejerza el poder del pueblo a través de las tres ramas de gobierno y otros funcionarios electos, todos, igualmente subordinados a la soberanía del pueblo de Puerto Rico. Al cuerpo social del Estado moderno no le es posible, como les fue a las ciudades – Estado antigua, ejercer el poder de forma directa. Siendo así que el pueblo se ve obligado a delegar su inherente potestad de gobierno. ¿Qué fórmula ha de seguirse para evitar los abusos de poder por quienes directamente nos gobiernan? No hay fórmula, o ley, o medida que con alcance absoluto, garantice contra tal riesgo. Todavía no se ha descubierto ninguna. Pero le toca al pueblo imprimir en su clima social la certeza de que no ha de tolerar abuso de ningún género bajo excusa o pretexto alguno; y de ocurrir la acción abusiva que no quede impune.

Pero ciertamente le va a ayudar mucho leer la Constitución y enterarse de los derechos que tienen los ciudadanos contra esos abusos. Estamos en constante amenaza de caer víctimas de oportunistas y usurpadores que pretenden cambiar estas leyes y reglamentos para propósitos de poder personal y político. La separación de poderes se hizo para que cada rama de gobierno tuviera su propia autonomía, para proteger la soberanía (el poder) del pueblo. Cuando los partidos controlan estas tres ramas tienden a convertirse en gobiernos fascistas que tratan de usurpar el poder que tiene el pueblo establecido en la Constitución (Artículo 1, Sección 2).

CARACTERÍSTICAS DEL GOBIERNO REPUBLICANO

La sección 2 del Artículo 1 de nuestra Constitución nos impone un gobierno republicano. Este fue impuesto por el Congreso Americano. La forma republicana de gobierno reúne una serie de principios tales como:

1. Que todo cargo político surge del voto o sufragio
2. Todos los funcionarios son responsables civil, penal, administrativa y políticamente, por faltas o delitos que cometan en ejercicios de sus funciones.
3. Los actos de gobierno deben ser dados a conocer, (transparencia) salvo en casos muy especiales (Seguridad nacional).
4. El ejercicio de los cargos públicos tienen una duración limitada a cierto período de tiempo.
5. El poder del Estado se fracciona en tres partes: Poder Ejecutivo, Poder Legislativo y Poder Judicial (Separación de Poderes).
   Si delegas el poder solo en una parte, el pueblo tendrá problemas de usurpación del poder civil. Pero por sobre estos tres poderes está el poder soberano del pueblo debidamente constituído.
6. Existencia de una ley fundamental o constitución.
7. Igualdad ante la ley.
8. Periodicidad de los mandatos de los funcionarios públicos (Tiempo definido).
9. Responsabilidad de los funcionarios públicos.

OTROS PODERES EXTRA CONSTITUCIONALES

Aunque no reconocidos en nuestra Constitución, existen dos poderes adicionales que pueden cambiar el rumbo, tanto del gobierno, como de los electores de un país. Estos son el poder económico y el poder de la prensa. También, aunque no tanto, pueden influir en la toma de decisiones de un país, la religión, las iglesias, y la publicidad. (Comprende ahora por qué el gobierno gasta tanto en publicidad). Más adelante ampliaremos sobre estos poderes adicionales y extraconstitucionales. Fíjense cómo se va complicando el panorama político. Tenemos unas reglas de juego; la Constitución, pero tenemos que estar pendientes de elementos fuera de estas reglas que también pueden ser determinantes en la toma de decisiones.

SOBERANÍA Y COLONIA

Un estado es soberano en tanto y en cuanto dispone del poder político supremo para gobernarse a sí mismo. Puerto Rico, como explicamos anteriormente, no tiene gobierno propio, no dispone del poder político supremo, o sea de su propia soberanía. Entonces necesariamente el poder tiene que estar subordinado a la soberanía de los Estados Unidos. Entre los políticos de Puerto Rico y el Congreso Americano no nos han dejado ejercer nuestro derecho de autodeterminación. Aunque le han delegado alguna autoridad sobre asuntos internos, de hecho, no se gobierna. Lo gobiernan. A estos pueblos se les llama, en el lenguaje común igual, que en el científico, una posesión, territorio, dependencia. Que traducido al español quiere decir una COLONIA.

Un pueblo con soberanía propia es un Estado; subordinado a la soberanía de otro, es una COLONIA. El 18 de julio de 1930, en Montevideo, Uruguay el Presidente electo, José Gervacio Artigas, en la toma de posesión presidencial dijo: "Mi autoridad emana de vosotros y ella cesa ante vuestra presencia soberana".

El presidente electo José Gervacio Artigas reconoce que la soberanía es del pueblo, y sabe que su autoridad para gobernar es solamente una delegada por ellos. Al pueblo corresponde el poder político supremo. En una democracia representativa, como dijo el Presidente de Uruguay, José Gervacio Artigas, el poder delegado cede ante la soberanía suprema del pueblo. Debe haber consenso donde la mayoría decida. Delegamos a los funcionarios electos el poder a gobernarnos, pero no la soberanía.

SOBERANÍA POLÍTICA DELEGADA

Soberanía significa poder. Soberanía del pueblo significa el poder absoluto del pueblo. El poder soberano del pueblo emana de la colectividad, de sus ciudadanos convocados en asamblea que se constituyen democráticamente para ejercer el poder de mando en el Estado. De esta forma la soberanía reside en el Pueblo. Es un contrato social voluntario el cual atribuye a cada miembro del Estado una parte igual de lo que se denomina "autoridad soberana". La voluntad general tiene el poder soberano. El Congreso de los Estados Unidos delegó a Puerto Rico su soberanía política para que nosotros nos gobernáramos políticamente. Ahora Puerto Rico tiene una soberanía política delegada.

NACIMIENTO DE LAS REGLAS DE JUEGO

Bajo esta voluntad general donde el pueblo tiene el poder soberano se constituyen y se redactan unas reglas, que se comprometen a obedecer, llamada "Constitución del Estado". Bajo estas reglas está el derecho que tiene el pueblo a elegir sus "mandatarios", sus leyes y a que sea respetado su territorio. Después de elegir estos "mandatarios", el pueblo enajena o delega su poder soberano y sus derechos a favor de la autoridad o gobierno. Esto no quiere decir que le estamos dando el poder, solo lo estamos delegando y cuando el gobierno haga mal uso del poder, ese poder cederá ante la presencia soberana del pueblo. Cada ciudadano es soberano y súbdito al mismo tiempo, ya que contribuye a crear el gobierno y a formar parte de él y se obliga a obedecerlo. Parte de la premisa de que la voluntad general del pueblo tiene el poder soberano, señala lo correcto y verdadero y las minorías deben acatarlo en conformidad a lo que dice la voluntad colectiva (Democracia). Pero cada individuo retiene su opinión para someterla en su día. En Puerto Rico no sucede esto porque el poder político del gobierno es solo delegado y tanto ese poder político como su soberanía están sometidas a la Constitución Americana y los poderes plenarios del Congreso Americano. La Constitución y el Congreso de los Estados Unidos prevalecen sobre la Constitución del ELA y su soberanía delegada. Ellos tienen la última palabra. Igualito a los maridos cuando le dicen a sus esposas la última palabra: "Sí, mi amor".

AUTONOMÍA Y SOBERANÍA

Autonomía en términos generales es la condición o capacidad de autogobierno o de cierto grado de independencia. Es el poder de establecer nuestras propias normas y órganos de gobierno dentro de un Estado o Gobierno. En Puerto Rico, los municipios que adquieren una alta capacidad económica y administrativa les transfieren ciertos poderes que pertenecen al gobierno central para que ellos los administren y los regulen. Son los llamados "Municipios Autónomos". Los 50 Estados de la nación americana, que pertenecen al Gobierno Federal, tienen sus propias leyes y formas de gobierno propio dentro de la unión federada. Muchos de estos poderes son "prestados o delegados" y podrían ser revocados si no cumplen con ciertos requisitos previamente estipulados. Autonomía significa cierto grado de independencia para tomar decisiones propias y funcionar sin un ente que los rija o regule.

La autonomía es la capacidad de un territorio de ejercer ciertas libertades dentro de la nación o gobierno al que pertenecen. A diferencia de las soberanías, que se gobiernan ellas mismas por mandato de una mayoría de sus ciudadanos, las autonomías dependen de leyes aprobadas por las naciones o gobiernos a los que pertenecen. El Partido Popular Democrático (PPD), que defiende El Estado Libre Asociado de Puerto Rico (ELA) bajo su plataforma de gobierno se pasa pregonando la culminación del ELA, que no sería otra cosa que obtener las concesiones máximas posibles de poderes autónomos para que el ELA los ejerza al marco de la Constitución Americana. La nación americana (soberana) cedería ciertos poderes condicionados al territorio de Puerto Rico, para que éste fuera más autónomo. Esto no quiere decir que Puerto Rico sería más libre o más soberano sino, que el "Tío Sam" le permitiría jugar con los juguetes del Congreso Americano, con la condición de que cuando los quiera de vuelta, hay que devolverlos.

Podríamos decir que Puerto Rico es una Nación políticamente autónoma que vive en un Territorio Americano y bajo el gobierno Soberano del Congreso y la Constitución de los Estados Unidos de América (somos una colonia).

Bateando a la zurda o a la derecha siempre bateamos por territorio colonial. Me pregunto cuántas personas estarían deseosas de pegar un "home run" por el jardín central y recorrer todas las bases "libremente".

RECUERDE QUE EL PUEBLO ES EL QUE MANDA

Al pueblo corresponde el poder político supremo. En una democracia representativa, como dijo el Presidente de Uruguay, José Gervacio Artigas, el poder delegado cede ante la soberanía suprema del pueblo. (En Puerto Rico cede ante la soberanía suprema del Congreso de los Estados Unidos.) Después que un partido obtiene en las urnas la gobernación de un país, no es correcto decir que obtuvieron un mandato del pueblo para hacer todo lo que quieran, en especial, si lo que quieren está en contra de la mayoría del pueblo (soberanía suprema). Debe haber consenso donde la mayoría decida. Delegamos a los funcionarios electos el poder a gobernarnos, pero no la soberanía.

TRASFONDO HISTÓRICO

Por ley del Congreso del 1947 se había concedido a Puerto Rico la potestad de elegir al gobernador de P.R. mediante el voto electoral por un término de cuatro años. El primer gobernador electo por el pueblo lo fue Luis Muñoz Marín en el 1948.

Después que Dios creó el mundo existía un archipiélago de pequeñas islas en el Mar Caribe, entre ellas, una que ahora se llama Puerto Rico. Para aquel entonces solo habitaban indígenas, indios caribes y taínos. La isla de Puerto Rico era gobernada por el cacique Agueybaná, elegido por sus súbditos como su líder máximo. De acuerdo a la definición de soberanía podemos decir que en aquel entonces era una nación soberana. Luego llegó Cristóbal Colón, y los españoles descubrieron la isla en 1493. Aquí pasamos a ser una colonia de España. Después de la guerra Hispanoamericana en 1898 pasamos a ser colonia de los Estados Unidos como un botín de guerra. Aún somos una colonia Americana después de 117 años. ¿Cuándo se resolverá el "status?.

En la Tercera parte señalamos que el poder está en el pueblo; y los conocimientos que deberíamos tener para salir de esta zona púrpura. Ahora le vamos a mostrar lo que podemos hacer para salir de esta zona de demencia y tomar el control.

CUARTA PARTE

TOMANDO EL CONTROL

TOMANDO EL CONTROL

Tenemos que madurar como electores y buscar la forma de votar basado en el conocimiento, la educación, la moral, la ética, los valores y para lograr el cambio verdadero que queremos. Estimados electores, si siempre haces lo mismo, una y otra vez, vas a obtener los mismos resultados, será una locura ('insanity') volver a lo mismo. Para romper con este entrampamiento electoral se necesita mucha educación en los temas referentes a la política. Además, hay que involucrarse en ella. Es nuestro deber como ciudadano. Es nuestro propósito sugerirles nuevas formas y alternativas para elegir un nuevo gobierno que presente los intereses del pueblo y donde usted se sienta debidamente representado. En la columna de Silverio Pérez, en El Nuevo Día, con fecha del 12 de noviembre de 2013, titulada "El juego que todos jugamos" él llega a la conclusión de que somos nosotros y no los políticos los responsables de esta situación ingobernable que nos aqueja por haber evadido nuestra responsabilidad de educarnos sobre estos problemas que tenemos.

El Centro para la Libertad de Prensa (CLP) y el Colegio de Abogados y Abogadas (CARP) celebraron un foro donde están creando consciencia sobre la apatía y la ignorancia de los derechos humanos por parte de los ciudadanos; y las consecuencias que tiene desconocer estos derechos. Vea artículo en el periódico El Nuevo Día del 13 de noviembre de 2013 titulado "Reina la apatía y la ignorancia ciudadana" por Marga Parés Arroyo. También la Sra. Helga I. Serrano, Directora Ejecutiva del Centro para la Libertad de Prensa, en su artículo ¿Se apunta? publicado el 22 de noviembre de 2013 en El Nuevo Día, hace referencia a este foro y enfatiza, no solo en la falta de conocimiento de los derechos, sino también de cómo ejercerlos de forma responsable.

Citamos las palabras del que fuera Profesor de Derecho de la Universidad Interamericana el Lcdo. Antonio Fernós López Cepero: "Quien no lee, no piensa: quien no piensa, solo reacciona; el reaccionario es temeroso; quien vive temeroso es indeciso, y por lo tanto, siempre es guiado. El mayor impedimento hacia la libertad, es la ignorancia, si quieres sentirte libre edúcate. El problema práctico, serio y universal que confronta la libertad, es ciertamente, la indiferencia del hombre resultante de esa ignorancia".

Las fronteras no se encuentran más allá de nuestro planeta, están dentro de nosotros mismos. Para que el pueblo tome el control nuevamente, tenemos que salir de la demencia política que nos provoca la zona púrpura donde nos tienen secuestrados los partidos políticos. El bipartidismo es el dragón de dos cabezas.

TENEMOS QUE TENER RESPONSABILIDAD CIVIL

Durante mucho tiempo los puertorriqueños se han desvinculados de su responsabilidad ciudadana, como si las instituciones que creó la Constitución fueran autónomas y no se debieran a nosotros. "Debe perdurar la idea que la Constitución es producto de nuestra voluntad y, por lo tanto, las instituciones constitucionales –el Ejecutivo, la Legislatura y Judicial- se deben y responden a nosotros (los ciudadanos) y a nuestra Constitución. Hemos fallado en esta responsabilidad y hemos delegado demasiado en los operadores políticos, reservándonos una sola oportunidad cada cuatro años de aseverar nuestra autoridad política, en lugar de hacerlo todos los días, como nos requiere nuestra Constitución. No es suficiente salir a votar cada cuatro años para cumplir con nuestra responsabilidad civil. Cumplir es estar siempre vigilante de la sanidad en los procesos e involucrarse en los "issues" políticos, en la comunidad y ser solidarios con nuestros semejantes.

Hay una película titulada "Protocol" filmada en 1984 con la actuación de Goldie Hawn y Chris Sarandon bajo la dirección de Herbert Ross, donde la protagonista explica lo que se debe entender por responsabilidad civil. El personaje, una mesera en un cabaret de Washington, D.C. llamada Sunny Davis y que siempre decía lo que pensaba, impide que un terrorista dispare contra un Emir de Oriente Medio sin saber en realidad lo que hace. Una noche al salir del trabajo, impide casi sin querer un atentado que busca acabar con la vida del alto mandatario árabe. De la noche a la mañana Sunny, quien vivía una vida de inocencia e ignorancia, se convierte en una estrella, vendida por los medios de comunicación como una verdadera heroína nacional. Ella no acostumbraba a leer los periódicos ni sabía qué estaba pasando en el gobierno y nunca había votado.

El Departamento de Estado, para aprovechar su fama como heroína nacional, la emplea en la oficina del Protocolo para hacer relaciones públicas en el gobierno con dignatarios extranjeros. En esa oficina debe vérselas con una jefa y un grupo de ayudantes que le asignan escoltar al Emir para pasearlo por la ciudad de Washington, D.C. para que éste la pasara "bien" a cambio de conseguir favores para el gobierno. En su inocencia, Sunny, los lleva a la taberna donde ella trabajaba antes de conseguir su actual empleo causando un escándalo mayúsculo en la taberna. Para sacarla fuera de los medios y mitigar el escándalo la asignan para acompañar al Emir de regreso a su Emirato. El Emir que se había enamorado de ella, tenía planes para cuando llegara a su Emirato casarse con ella ya que había hecho un acuerdo con la jefa y sus ayudantes para que a cambio de esto le concediera al gobierno americano establecer una base en ese Emirato. Literalmente la venden al Emir a cambio de la instalación de la base. Al ella no querer casarse, a la vez que, un grupo de insurgentes derrocaban al Emir, se ve involucrada en otro escándalo, esta vez internacional. Cuando regresa a su patria es llamada por el Congreso a una investigación por este escándalo internacional en el cual le piden que señale a los causantes de ese escándalo. Ella se niega a señalarlos diciendo que la única causante del escándalo es ella misma por no haber estado al tanto del funcionamiento de su gobierno y las personas que lo dirigían. Explicó que antes de ocupar ese cargo no había leído periódico, ni la Constitución de los Estados Unidos, ni la Declaración de la Independencia, ni siquiera se había tomado el tiempo para ir a votar, dejando que personas como su jefe y su grupo de asesores permitieran actuaciones en contra de ella, del pueblo y de la Constitución de los Estados Unidos. Que de ahora en adelante iba a estar pendiente de todo lo que pasara en su gobierno, iba a velar como un "halcón" a todo congresista y funcionario del gobierno que actuara en contra de los principios de la nación. Ciertamente, ésta es la parte más emotiva de la película y que lleva el mensaje de la responsabilidad civil. Les recomiendo que vean la película "Protocol". Además, la encontré muy divertida.

HABITANTE VERSUS CIUDADANO

El Presidente de los Estados Unidos, John F. Kennedy, en su toma de posesión dijo estas famosas palabras: "Pregunta, no lo que tu país pueda hacer por ti si no pregunta, qué puedes tú hacer por tu país". En estas se define el concepto de lo que es un habitante y un ciudadano. Si siempre estás esperando que el gobierno te dé y resuelva todo por ti, eres un habitante. En un país, un habitante es aquél que vive, come, trabaja y disfruta de lo que le produce su país. Es un número estadístico en el censo. Un ciudadano es la persona que además de esto se involucra, se solidariza con su prójimo y no es indiferente a lo que pasa en su país. Es un agente abierto al cambio del cual es parte y participa con su comunidad y su país para el bien común de todos. Ser un ciudadano en un país se gana con sus acciones y su responsabilidad civil. Para ser un habitante solo hay que nacer y vivir de la dependencia gubernamental. El ciudadano tiene que ganarse su ciudadanía.

TENEMOS QUE INVOLUCRARNOS

La creencia general es que los Gobernadores no sirven, y los legisladores, en su mayoría, son pillos y corruptos y que los gobernantes y legisladores que vengan después harán lo mismo. Pero parece que parte del problema está en nosotros, como pueblo, como materia prima de un país. "La fiebre no está en la sábana, está en el enfermo. Tenemos que involucrarnos. "Hay que involucrarse," así tituló el licenciado Julio E. Fontanet, Catedrático y expresidente del Colegio de Abogados, su artículo en el periódico El Nuevo Día del 3 de agosto del 2011 que fue en parte lo que me motivó a escribir este libro y en el cual menciona excelentes ideas de cómo incorporar una mayor participación y fiscalización de los ciudadanos en la gestión gubernamental. Mencionó entre ellas un mecanismo que pueden tener los ciudadanos para retirar de sus cargos a funcionarios electos de su puesto cuando no cumplan con los deberes de su cargo. En inglés se dice el "recall". Para ampliar sobre el tema del "recall" lea en el Nuevo Día el artículo "Remedio Salvador" de la Sra. Aixa Martinó.

También menciona el Lcdo. Fontanet, que tenemos que mejorar la representación de los asambleístas municipales y por último, habló sobre la necesidad de incentivar la participación ciudadana en los procesos políticos.

No todo en la vida de los ciudadanos deben ser las novelas en la televisión, juegos de pelota y baloncesto, cine, música y baile. También hay que participar en resolver los problemas del país. Como bien dijo el expresidente de Brasil Lula: "Al que no participa en la política está destinado a ser gobernado por aquellos que participan."

Internacionalmente ya hay muchos países que con su presencia y activismo, están reclamando a sus gobiernos, remedios a sus crisis existentes. Tenemos que activarnos y estar presentes. Tenemos que vencer el inmovilismo político, "no te pongas a balar como el cordero triste, haz como el toro acorralado: ¡muge! y como el toro que no muge: ¡embiste! (Don José De Diego y Martínez).

HACIA EL APODERAMIENTO: FOMENTAR UNA DEMOCRACIA PARTICIPATIVA

Nosotros, todos los ciudadanos que creemos en el apoderamiento de nuestro gobierno y una democracia más participativa, queremos establecer las bases para gestar un plan para delinear el nuevo rumbo político que debe tomar Puerto Rico, y cómo hacerlo una realidad con nuevas alternativas. Todos debemos coincidir en que el plan debe formarse sobre los pilares de la transparencia, la igualdad, la solidaridad, la justicia, y por supuesto, de una forma participativa y democrática. Estamos cansados que nuestras voces y reclamos no se escuchen, que solo unos pocos políticos tengan acceso al poder y a decidir en los asuntos que nos afectan a todos como pueblo y no nos tomen en cuenta. Todos los candidatos que deseen ejercitar el poder en nuestro país deben reconocer que ese poder es delegado y no de naturaleza personal.

En las últimas dos décadas se ha venido notando el deterioro con el que está siendo gobernado nuestro país por los funcionarios electos y nombrados a las tres Ramas: Ejecutiva, Legislativa y Judicial, en que se divide nuestro gobierno. Son elegidos para trabajar por el pueblo, pero terminan trabajando para su partido, sus propios intereses y la búsqueda de poder. Después de los comicios electorales, el partido que gana debe transformarse en un gobierno de todos los puertorriqueños y poner la voluntad suficiente para resolver los problemas que aquejan a todos sus ciudadanos y al país sin importar los colores. El pueblo está delegando demasiado poder. Es hora de rescatar la soberanía política que tiene el pueblo. (Por delegación del Congreso de los Estados Unidos). Como explicó el señor Dean Miller, exprofesor y director del "Center for News Literacy" (CVNL) de la Universidad Stonybrook en Nueva York, durante el foro "Lectura Crítica de Medios: hacia un apoderamiento ciudadano" evento organizado por el Centro para la Libertad de Prensa de Puerto Rico (CPL) en celebración de su duodécimo aniversario: "Tener conocimiento no se traduce en tener poder, como reza el adagio, a menos que el poseedor del conocimiento haga buen uso de ese saber o esa verdad".

"La base de una democracia descansa en la capacidad de sus ciudadanos para ejercer la ciudadanía de forma responsable y la acción ciudadana se ejerce cuando se tiene conocimiento; un ciudadano sin conocimiento no tiene los elementos de juicio suficientes para votar responsablemente, para formar ideas, para cuestionar el liderato de su partido y hasta del país", dijo José Jaime Rivera, copresidente del CLP y expresidente de la Universidad del Sagrado Corazón, donde se celebró la reunión. El conocimiento es un arma poderosa. Para ejercer la democracia es necesario el apoderamiento de los medios de información cuestionando la credibilidad y confiabilidad de los reportes.

Para conseguir esta democracia participativa la ciudadanía tiene que involucrarse en la política, apoderarse del gobierno, penetrar en sus instituciones en representación del pueblo a través de sus agencias y oficinas. Tenemos que educar políticamente al ciudadano con talleres, de modo que puedan formarse su propio juicio. Reforzar los valores cívicos, sociales, comunales, la autogestión y los foros ciudadanos. Los ciudadanos tienen que cumplir con su responsabilidad cívica de mantener la democracia y el poder político soberano en manos del pueblo.

CASA PUEBLO UNA ESPERANZA DE CAMBIO

Una de las formas de tomar el control de nuestro país es colaborando con la iniciativa comunitaria Casa Pueblo de Adjuntas. Los logros obtenidos en los pasados años por doña Faustina "Tinti" Deyá, sus colaboradores y los miembros de la familia Massol Deyá son la esperanza de un futuro colectivo.

AGENDA CIUDADANA A LA VANGUARDIA DEL CAMBIO

Se ha hablado mucho de la participación ciudadana, de los valores y principios, de la dignidad; y como en los Foros Ciudadanos, auspiciados por el periódico El Nuevo Día, bajo su Directora, María de Lourdes Lara, del cual participé en una ocasión. Aquí se presentan muchas propuestas dirigidas a mejorar la calidad de vida y la forma de gobernar al pueblo. Entiendo que luego se hará un consenso de las propuestas y se escogerán las más apremiantes para someterlas a las diferentes agencias y departamentos gubernamentales e impulsar su aprobación. Por algún sitio había que comenzar. Felicito a Foros Ciudadanos y al Nuevo Día por dar un paso hacia una democracia participativa donde se oiga la opinión del pueblo. Veo estos foros como un proceso hacia una gobernanza (democracia participativa) donde solo puede darse a través de consensos entre el gobierno, los ciudadanos y la empresa privada.

Como nos dice el Catedrático de Derecho, Efrén Rivera Ramos, en Punto Fijo, sección de Perspectiva del Nuevo Día, en su artículo titulado "Proyecto y País": "La comunidad es el eje, pues la comunidad organizada es la fuerza motriz del cambio. La fórmula que los ha inspirado es la ciencia, la cultura, la comunidad y el énfasis que ponen en la educación. Es un proyecto autosuficiente y sus denuncias y protestas van acompañadas de alguna propuesta. Sus proyectos tienen que batallar contra todo tipo de obstáculos: el partidismo político, el clientelismo, la burocracia, la envidia, la indiferencia, la incomprensión, los intentos de control de otros grupos, la persecución y la opción abierta o velada de intereses a los que no conviene el cambio".

APODERAMIENTO CON GOBERNANZA

Ya es hora de que el pueblo se apodere de las riendas del gobierno involucrándose en la política del país y participando en la toma de decisiones. Esto es una forma de parar los abusos de poder del gobierno, auditarlo, fiscalizarlo y participando en la solución de sus problemas. Que tanto el pueblo como los funcionarios del gobierno sepan, que toda persona (electa y no electa) que trabaja en el gobierno son nuestros empleados; y como tales son responsables civil, penal, administrativa y políticamente, por faltas o delitos que cometan en ejercicio de sus funciones; y que tienen que rendir cuentas al pueblo. Tenemos que cambiar de una democracia representativa a una democracia participativa, asumir nuestra responsabilidad ciudadana de defender la democracia y poner nuestro paradigma en aspirar una nueva forma futura de gobernarnos; "La Gobernanza" y las candidaturas sin representación partidista.

El pueblo tiene que impulsar legislación para que la democracia sea más participativa y que se aprueben leyes como la revocación de funcionarios ("recall") cuando el pueblo note que no están cumpliendo con las funciones de su cargo. Impulsar nueva legislación para nombrar los jueces (Artículo V, Sección 8). La democracia participativa y la responsabilidad ciudadana van cogidas de la mano.

Para vencer el inmovilismo y lograr un cambio hacia el apoderamiento, una de las cosas más necesarias es una buena educación y un conocimiento más amplio de la política.

LOS NIÑOS: EL FUTURO POLÍTICO Y PROFESIONAL DE PUERTO RICO

Los niños son el futuro político de nuestro país. La educación para el desarrollo saludable de su inteligencia emocional y su desarrollo profesional, es responsabilidad de todos. Mientras esto no se logre más se tardará el cambio político y económico que necesitamos. Mientras tratamos de mejorar la situación política actual, la cual es crítica; a su vez tenemos que empezar a construir la infraestructura política futura enfocada en nuestros niños. Como nos dice Agenda Ciudadana: "el futuro de la niñez lo decidimos hoy". El señor Luis Alemañy, Presidente de la Asociación para Profesionales de Finanzas, en la columna de Negocios, del Nuevo Día nos dice y citamos: "Muy pocos niños y adolescentes entienden la importancia de la educación y la disciplina para su desarrollo profesional, para ser exitosos y para contribuir con el país." La situación de nuestro mercado laboral y económico se contrae cada vez más, las oportunidades son bien limitadas y solo el que tiene disciplina, persistencia y compromiso subsiste con algunas probabilidades de ser exitoso." Apoya un Plan Decenal de Educación.

CONTROLAR LA DEPENDENCIA GUBERNAMENTAL

La dependencia gubernamental es como una enfermedad la cual hay que controlar para salvar el país. Por un lado, los gobiernos dan beneficios a los votantes, como subsidios para agua, luz, vivienda, cupones de alimento, celulares, les pagan por estudiar, planes de salud, y otros muchos más. Los más ricos reciben exenciones y créditos contributivos; contratos mediante subastas amañadas y nombramientos a juntas y otros puestos públicos. Pero muchas de estas ayudas, al ser solicitadas por estos ciudadanos, se otorgan, a cambio de que voten por su partido. Las ayudas deben ser para el que verdaderamente las necesite.

TENEMOS QUE HACER MÁS COALICIONES Y ALIANZAS

Es mucho más lo que tenemos en común, que lo que nos separa. Hemos visto que si el pueblo quiere mantener el poder, han de protegerse ellos mismos organizándose masivamente y formando coaliciones y alianzas en las cosas que convergen, y solidarizarse en aquellas causas comunes. Son tantas las cosas que tienen en común el PPD y el PNP (especialmente las malas) que solo tienen que ponerse de acuerdo en las que benefician al país. No es suficiente con ir a votar, hay que involucrarse más para poder participar en las decisiones del gobierno.

El Presidente de Uruguay, el Señor José (Pepe) Mujica, electo en el 2005, nunca vivió bajo el protagonismo, vivió una vida austera. Para llegar al poder hizo coaliciones y alianzas con otros partidos que lo llevaron a la presidencia. Dijo que el hombre es gregario por naturaleza y desarrolló el vínculo entre lo tuyo y lo mío para sustituirlo por nosotros. La naturaleza gregaria del hombre permite unirse para lograr metas. Dice el Presidente Mujica que "la democracia es una fuerte creciente que nos permite acercarnos y estar más juntos". El mandatario afirma que hablar de democracia significa aprender a respetar las diferencias y convivir con ellas.

HAY QUE LIMITAR LOS TÉRMINOS PARA LA GOBERNACIÓN

Todos los estudios hechos para determinar el período de tiempo que debe permanecer un gobernante al mando de ese Estado debe ser de seis 6 años, y sujeto a la Ley del "recall". Uno de los motivos principales es que la tendencia de los que están en el poder, quieren prevalecer y mantener el poder. Luego el pueblo es víctima de este ansiado poder. Son las víctimas porque hacen decisiones en contra de los intereses del pueblo para lograr mantener el poder. De este modo si un gobernador tiene la voluntad de trabajar para el pueblo, sabe que tiene que hacerlo durante ese período de 6 años y no tiene que pensar en los votos que perdería cuando tenga que hacer decisiones que afecten su reelección y su partido. Esto podría ayudar a que los partidos no sean los que gobiernen y el gobernante tenga más voluntad por el interés del pueblo y menos ataduras de sus partidos.

Si un gobernador dedica todo el período de 6 años a pensar alcanzar los intereses de su pueblo y no tiene que pensar en su reválida a la gobernación, podría hacer mucho más que 2 cuatrienios consecutivos como gobernante.

URGE UNA TREGUA O ARMISTICIO PARTIDISTA

En la sección "Demagogia más retórica es igual a confusión" explicamos cómo los partidos políticos confunden a los electores y a todo el pueblo con la "tiraera" entre ellos. La fanaticada política, los ignorantes, los que no leen y los que creen todo lo que dicen sus líderes políticos, son guiados por ellos y mantienen al pueblo confundido y ajeno a la realidad. La mayor parte de las veces los partidarios no quieren oír la verdad porque viene de la boca del partido contrario. Lo peor de esta situación es que los partidos y sus líderes saben que están mintiendo a sabiendas, y quieren mantenerlo ignorante de la realidad, para que los ayude a ganar el poder nuevamente. En la zona púrpura de la demencia en que vivimos, el político no tiene visión de pueblo, está enfocado en el poder.

El pueblo y los electores, de todos los colores, tienen que ponerle un alto a esta "tiraera" política y ver cómo encuentran por lo menos 5 políticos de cada partido que tengan visión de pueblo y se unan para decirle la verdad al pueblo. Se confiesen ante el pueblo, señalen los políticos que no dicen la verdad y todos juntos consigan una tregua y armisticio entre partidos para que el pueblo tome conciencia de la realidad y salgan de la zona púrpura de la demencia.

TERMINAR CON LA PASIÓN, EL FANATISMO Y LA COSTUMBRE

No dejen que la pasión partidista, el fanatismo y el querer ganar una guerra de colores, nuble tu entendimiento. Resulta casi imposible que un seguidor (fanático) del equipo de baloncesto de los Piratas de Quebradillas convenza a otro fanático de los Capitanes de Arecibo que su equipo es el mejor y que van a ganar el campeonato nacional. Esto es así porque el fanático no razona, es pasional, el ganar o perder en un deporte no tiene consecuencias económicas ni políticas al país. Pero la pasión y el fanatismo se han apoderado de nuestra política al extremo que muchos en nuestra Isla, y fuera de ella, dicen que la política es nuestro deporte nacional. Para muchos electores solamente el color distingue a un partido del otro. Todo el año hay política. Solo escuchamos lo que tienen que decir los partidarios de nuestro partido, no escuchamos a los del otro partido porque no van a decir nada que nos haga cambiar de partido. A esto abonan los propios políticos de cada partido ya que usted nunca escucha decir a un político que está de acuerdo con otro político de la oposición, o a un partido con otro partido. No puedes seguir esperando que un fanático decida las cosas por ti, no ves que los partidos y los políticos nos están cogiendo de tontos. Ellos saben de nuestro fanatismo. Como dice Luis Francisco Ojeda: "somos tontos útiles para su partido".

"Costumbres", una canción compuesta por Juan Gabriel e interpretada por esa gran cantante que fue Rocío Dúrcal, dice que puede más la costumbre que el amor, refiriéndose a que cuando una pareja se separa se sufre su ausencia, pero muchas veces más por la costumbre de estar en su compañía que por el amor que le tenía. El pueblo está acostumbrado a esta farsa de los políticos, y yo digo: ¿puede más la costumbre que la verdad? Si usted sigue con esta costumbre, permanecerá indefinidamente en la zona de la demencia. Los partidos políticos son mecanismos o entidades creadas con el objetivo de lograr una forma de gobernarnos, cuando no funcionan hay que sacarlos.

HAY QUE PASAR MEDIDAS PARA LA DESPARTIDIZACIÓN DE LO PÚBLICO

Despartidización es sacar la politiquería de donde no debe haberla. El mejor ejemplo en que puedo pensar ahora es el de los empleos y puestos en el gobierno. Una de las formas que tienen los políticos y sus partidos es que los respalden en las campañas políticas a cambio de empleos y puestos y luego de advenir al poder, los referidos de personas del partido a las diferentes agencias del gobierno para que los acomoden (aunque no cualifiquen) a cambio de votos. Es un ejemplo de lo que está sucediendo en el Departamento de Educación. Aquí es donde se le consigue un puesto a "Los amigos del alma". Es como un tsunami azul o rojo, dependiendo de cual partido llegue al poder. Tú me consigues votos y yo te consigo empleo. Se convierte en otra zona púrpura de demencia. Hay que ver la ineptitud con que trabaja el gobierno porque los funcionarios nombrados no llenan los requisitos del puesto. (Pero son del partido.) ¡Todo sea por el muchachito! En el gobierno debe estar trabajando aquella persona que cualifique para el puesto sea azul o sea roja. ¡Qué no cunda la demencia! ¡Qué viva el sistema de mérito!

El sistema de méritos que creó Don Luis Muñoz Marín en la década del cincuenta, fue precisamente para evitar los empleos a cambio de votos que en estos momentos está inoperante. Tenemos que restablecerlo y ponerle garras para que tenga consecuencias punitivas a los que no la obedezcan.

REVERTIR LA INDIFERENCIA CIUDADANA

"No me importa la maldad de los malos, me importa la indiferencia de los buenos", estableció Mahatma Gandhi. La indiferencia social es un sentimiento o estado de ánimo de una sociedad que no siente inclinación ni rechazo hacia un asunto determinado. Muchas veces la indiferencia es usada como escudo y un fuerte marcado carácter autodefensivo para protegerse y no ser ignorado, herido o menospreciado. En estos casos se aísla del grupo y dificulta sus relaciones sociales. Muchos adolescentes usan la indiferencia como escudo para hacerse más fuerte en sus relaciones con los demás. En este sentido, para algunos filósofos, la indiferencia es la negación del Ser ya que supone la ausencia de creencias y motivaciones. Este es uno de los motivos de la poca educación y participación de jóvenes en la política. La indiferencia nacida de la ignorancia se combate con la educación.

LA APATÍA SOCIAL Y LA INDIFERENCIA

La apatía es el desgano y la falta de fuerza que hace referencia a la indiferencia. Es estado de ánimo impasible que se refleja en la ausencia de ganas o entusiasmo para hacer algo. La apatía es un término acuñado por la psicología y se trata de un trastorno afectivo que causa indiferencia frente a los acontecimientos o al medio que rodea los apáticos. Esta indiferencia la manifiesta a través de una reacción vana frente a los estímulos negativos que le llegan de afuera.

"La indiferencia causada por la apatía es el peor enemigo de la democracia". Es dejar que otros hagan nuestro trabajo; mejor dicho nuestro deber. Hay un dicho que dice así: "Los pueblos tienen el gobierno que se merecen" ¿Y Puerto Rico merece esta clase de gobierno? El activo más preciado que puede tener un país es su gente. Somos nosotros los que tenemos que cambiar la forma de gobernar. Esta forma debe ser de una democracia representativa a una democracia participativa donde el pueblo aporte a la formación del gobierno. Tenemos que dejar atrás la indiferencia social e involucrarnos más. Tenemos la responsabilidad, como pueblo de educarnos y participar en los procesos electivos de nuestros gobernantes, saber qué está pasando y qué medios tenemos disponibles para hacer valer nuestros derechos, como la Constitución y nuestra Carta de Derechos, sobre todo más Educación.

La actitud, la apatía y la indiferencia guardan una relación muy estrecha con la salud mental de los pueblos y su inteligencia emocional. Sobre esto comentaremos más adelante.

DICHOS

"El que no participa en la política está destinado a ser gobernado por aquellos que participan".

"El mayor impedimento hacia la libertad, es la ignorancia, si quieres sentirte libre edúcate".

"El problema práctico, serio y universal que confronta la libertad, es ciertamente, la indiferencia del hombre resultante de esa ignorancia.

"Lo único que necesita el mal para triunfar es que los hombres buenos no hagan nada".

EXIGIR TRANSPARENCIA Y RENDICIÓN DE CUENTAS EN EL GOBIERNO

Hay que exigir la transparencia en el gobierno para mitigar la desconfianza. El pueblo ya no tiene confianza en las instituciones gubernamentales de este país por su falta de transparencia, desinformación, falta de ética en las transacciones y contratos nebulosos.

Lo que más me motivó a estudiar el tema de la democracia participativa fue la impunidad con que el gobierno hace todas las cosas. No informan al pueblo, guardan secretos, tampoco dan información completa a la prensa, especialmente cuando de contratos se trata. Nombran funcionarios, jefes de agencias, jueces y "amigos del alma" sin méritos, solo importa el color de su partido. Tratan de limitar los derechos que tiene el pueblo a la información pública. Como diría el famoso personaje de la televisión, Colibrí: "hacen lo que les da la gana". Los gobiernos existen para preservar las libertades y la felicidad del pueblo y no para reprimir el ejercicio de la democracia y por otro lado socavar la soberanía del pueblo ocultando información. El pueblo tiene el derecho constitucional a información, a rendición de cuentas y transparencia en todas las transacciones y acuerdos que haga el gobierno a nombre del pueblo. Vea el Artículo ll, Sección 4 de la Constitución del ELA.

(Las reglas de juego.) Tenemos que obligar al gobierno a la transparencia y la rendición de cuentas.

Un ejemplo de esto es la Reforma Contributiva o el IVA. La forma en que se le ha presentado al pueblo, ocultando el estudio y el documento que explica la forma cómo va a funcionar, al extremo de tener que recurrir al tribunal para hacerlo público. Al hacerlo de esta forma siembra la desconfianza y la incertidumbre en el país, que sin haberla visto tan siquiera, ya piensa que les perjudica y no es buena su aprobación. La transparencia en el proceso de presentar la reforma al pueblo, con toda la información posible, garantiza, no importa el resultado, que se hizo de una forma democrática.

"A oscuras no" se titula un artículo escrito por Jennifer Wolff, Directora Senior de programas, Centro para una Nueva Economía, en la revista negocios del 30 de agosto de 2015 del Nuevo Día. Ella nos habla de la falta de transparencia en asuntos fiscales y presupuestarios, refiriéndose a las negociaciones que se llevan a cabo en la Autoridad de Acueductos y Alcantarillados (AAA). Nos dice, y citamos: "Un público confundido o poco informado deja el camino abierto para que los funcionarios de gobierno manejen los dineros públicos con toda clase de sortilegios (magia) escondiendo los costos de las políticas públicas para lograr objetivos oportunistas, bien de carácter electorero u otorgando privilegios a "amigos de la casa". Es necesario exigir información, actuar sobre ella y activar procesos robustos de rendición de cuentas. Hay que saber y hay que actuar oportunamente sobre lo que otros cuecen a nombre nuestro".

No podemos delegar en los políticos y el gobierno para que legislen procesos de rendición de cuentas y sentarnos a esperar, somos nosotros como país que tenemos que exigirlo a viva voz. Que sepan que queremos saber, que queremos informarnos, que queremos hablar y participar, por lo que tenemos que actuar en forma masiva y solidaria.

ESTAR ATENTOS A LOS ENCUBRIMIENTOS

El ejemplo más notorio de encubrimiento del gobierno de Puerto Rico lo fue el del Cerro Maravillas, a pesar de los esfuerzos del fiscal Héctor Rivera Cruz nunca se llegó a las últimas consecuencias; ya que el Gobierno Central y el Ejecutivo no hicieron lo que tenían que hacer para esclarecer el caso. Este caso lo que provocó fue una guerra partidista en la legislatura cuando en realidad lo que estaba planteado era la transparencia al pueblo y sus funcionarios. Ahora, el intento de eliminar el derecho a la fianza es una continuidad de querer quitar derechos al pueblo. Por la forma en que surgió la legislación en la Legislatura y por sugerencia del Gobernador se nota que es una decisión partidista y no nace de la soberanía del pueblo.

SER SOLIDARIOS

Es el afán de ayudar y participar para alcanzar una meta común. Es mostrarte unido a otras personas o grupos compartiendo sus intereses y sus necesidades. Recuerdo el cuento de un vendedor de "jueyes" parado a orillas de la Carretera # 2, en Aguadilla, con dos latones a su lado, que gritaba, "jueyes" puertorriqueños y cubanos. Me estacioné cerca de donde se encontraba y le pregunté el precio de los "jueyes". Me contestó que los "jueyes" puertorriqueños era de $25.00 la docena y los cubanos de $20.00 la docena. Como me parecieron iguales, le pregunté cuál era la diferencia y cómo distinguía unos de otros. Me dijo que los puertorriqueños tenían mejor sabor y porque en el latón donde estaban los jueyes cubanos tenía que estar velándolos porque estos hacían una torre unos encima de otros y el que llegaba al tope del latón lograba escapar; mientras que con los jueyes puertorriqueños no había ese problema porque cuando comenzaban a hacer la torre, los de abajo halaban a los que estaban arriba en su afán de llegar al tope del latón para él poder salir. Le compré una docena de los cubanos, me parecieron más capaces; y más baratos por supuesto. Moraleja: para alcanzar las metas de un país se necesita de ayuda y solidaridad con nuestros semejantes (hasta los "jueyes" lo saben).

La solidaridad es la unión de responsabilidades e intereses comunes, entre los miembros de un grupo, país o personas. Es cuando dos o más personas se unen y colaboran mutuamente para conseguir un fin común. Es unirse a los intereses o causas de otros. Es camaradería, fraternidad, respaldo, apoyo, unión y caridad. Cuando hay solidaridad no existe afiliación política. Es la forma en que debe organizarse política y socialmente un grupo, donde el fin principal es el bienestar de todos y cada uno de los individuos que lo conforman. Es uno de los más grandes valores que puede tener un individuo. Es tan grande el poder de la solidaridad, que cuando la ponemos en práctica nos hacemos inmensamente fuertes y podemos asumir sin temor los más grandes desafíos, al tiempo que resistimos con firmeza la adversidad. ¿Se acuerdan de Vieques? Una de las respuestas a obtener los cambios en la política, demandados por la ciudadanía, es la integración en una sola entidad común que trabaje por esos cambios y nuevas alternativas. Hay que crear alianzas entre personas y organizaciones que creen y trabajan para esos cambios. Será un concepto de solidaridad adaptado a los retos del cambio, que recupera su significado y nos guía al sentimiento de unidad basado en causas comunes, a la interdependencia entre unos y otros y a la unidad de las personas con su pueblo y el cambio que se busca.

El Director Estatal de AARP, Sr. José Acarón, en un artículo en el periódico El Nuevo Día, del 5 de enero de 2012, nos hace un llamado para que comenzando en el 2014 reemplacemos el vocablo "yo" por el de "nosotros". Continúa el Sr. Acarón diciendo que "esto requiere un compromiso de todos, hay que olvidar el protagonismo porque todos somos tripulantes de un mismo barco llamado Puerto Rico". Tenemos que unirnos en propósito.

También nos dice el empresario Paul E González Mangual en un artículo escrito del 13 de diciembre de 2013, titulado "Aquiles tenía sangre boricua" que la debilidad de Aquiles no era su talón, era su falta de solidaridad con su pueblo por su protagonismo de sobresalir y brillar por sí mismo. El sueño de Aquiles era que su nombre fuera recordado por la eternidad. "Un hombre solo, puede derrotar al más valiente de los soldados, pero se necesita un ejército motivado para ganar una guerra". En los años que he vivido no he visto un acto de solidaridad más abarcador que aquél, donde el pueblo de Puerto Rico se unió, para sacar la Marina de los Estados Unidos de la isla de Vieques.

La Presidenta de la Asociación de Industriales, Waleska Rivera, nos ofrece una nueva perspectiva en la vida que comienza en este nuevo año del 2014. En su artículo titulado "Lo urgente y lo importante, "publicado el 4 de enero del 2014 en el periódico El Nuevo Día, ella dice, y citamos:" que debemos reflexionar sobre las cosas importantes de la vida y darle prioridad sobre las cosas urgentes y trabajar para convertir nuestros sueños en realidad en lugar que otros lo hagan por nosotros. Pensar en lo importante de la solidaridad, en lo relevante de apreciar las alegrías y ser agradecidos. Uniendo voluntades y soltando lo urgente para atender lo importante de la vida aportamos a hacer un mejor Puerto Rico para todos."

UN BUEN MOTIVO PARA SOLIDARIZARSE

La política es un mundo "macondo" donde existe el egoísmo, la indiferencia, el protagonismo, la mentira y todos aquellos males que caracterizan este mundo. Todos estos males son antónimos de la solidaridad. Son usados por partidos y políticos para conseguir el poder y sus intereses. La solidaridad no tiene afiliación política, somos el uno para el otro, no existe el partidismo, solo una causa para conseguir el cambio para poder salir de ese mundo "macondo". Hasta que no aprendamos a ser solidarios no tendremos la fuerza para conseguir un gobierno que trabaje para el pueblo. "Las elecciones del 2016 son un buen motivo para solidarizarnos".

OJO A LAS ELECCIONES DEL 2016

Tomen notas de las acciones de nuestros políticos y no las olviden. Las elecciones son en noviembre y la situación económica y social en la isla sigue de mal en peor. Se nos va la vida como pueblo sino fiscalmente exigimos que las cosas se hagan de la manera correcta. No amarren su conciencia y su lealtad con quien no esté haciendo su trabajo; así sea del partido que usted ha respaldado desde que votó a los dieciocho años. Necesitamos el mejor talento disponible para arreglar las cosas aquí. Ese talento puede venir del bando rojo, azul, verde o puede ser gente que no está comprometida con ningún partido. Aprendamos a votar por candidatos y dejemos de lado el partidismo. El que sea parte del problema no puede ser parte de la solución. Si seguimos tratando de aplicar las mismas soluciones a los problemas que han sepultado el país seguiremos hundiéndonos más y más. Esto es simple y se llana lógica. De la más básica, diría yo.

HAY QUE CONSOLIDAR LOS MUNICIPIOS

Nuestra isla mide 100 por 35 millas, equivalente a 3,500 m/2, con una población de 3.4 millones de personas. (Y está bajando). Tenemos 78 pueblos y cada uno tiene un municipio y un alcalde. La ciudad de Nueva York mide 320 m/2 con una población de 8.5 millones de habitantes y solo tiene un municipio y un alcalde. ¿Qué les parece eso? Setenta y ocho (78) alcaldes con un sueldo promedio de $75,000.00 mensuales, les sale a la isla del encanto en $5,850,000.00 millones al mes. Que al año le sale al país en $70,200.000.00 millones. La ciudad de "New York" le paga a su alcalde $250,000.00 al año. Esto es una diferencia de $69,975,000.00 más al año, que paga Puerto Rico por el mismo trabajo.

Esto sin tomar en cuenta la duplicidad en cada municipio, de los puestos administrativos y de servicios, departamentos que tienen cada municipio, asambleas municipales, alcaldías, edificios rentados, vehículos, guardia municipal, mantenimiento de basureros y muchos otros servicios duplicados 78 veces. Con tantos municipios, estos son más vulnerables a la corrupción; y el costo de su operación aumenta. Para comenzar, los municipios se pueden reducir a la mitad tomando en consideración el área geográfica y el número de habitantes entre otros factores. La economía sería multimillonaria. También se pueden consolidar municipios pequeños con otros más ricos y exitosos.

LA EDUCACIÓN Y LA DEPENDENCIA
GUBERNAMENTAL

Hay dos cosas que los gobernantes y los políticos de países tercermundistas hacen. Una es fomentar la dependencia del gobierno y la otra, restringir la educación del pueblo. Primero, dan beneficios al pueblo a cambio de nada, buscando comprar votos, creando comunidades de mantenidos para que no puedan reaccionar contra el gobierno y sus seguidores. Los mantienen en una zona de "confort" y pobreza a la misma vez, para que sigan votando por ellos. Son prisioneros de la cárcel del "mantengo". Muchos son víctimas de la desigualdad social y económica creada por el mismo gobierno.

La dependencia es como una epidemia que hay que controlar para crear una cultura de trabajo para poder producir y mover la economía. Aquí no se sabe qué vino primero si la gallina o el huevo. Por un lado los gobiernos dan beneficios a los votantes, como subsidios para agua, luz, vivienda, cupones de alimento, celulares, le pagan por estudiar, planes de salud, y otros muchos más. Los más ricos reciben exenciones y créditos contributivos; contratos mediante subastas amañadas; y nombramientos a otros puestos públicos.

Esto a su vez induce a una dejadez por la ética del trabajo y el sostenimiento propio. Ahora tenemos una nueva "tribu" de ciudadanos que se han dado cuenta que es mejor, económicamente, vivir de estos beneficios, que trabajar. Esta es una de las razones por la cual no conseguimos trabajadores para la agricultura. Para ellos es mejor esperar las ayudas en la sombra de su casa, que coger sol en el campo. Siempre han existido los vagos pero ahora los gobiernos los están fabricando. Ciertamente hay que seleccionar y escoger bien a las personas que en realidad necesitan las ayudas. Hay que fomentar una cultura de trabajo y en vez de restringir la educación hay que fomentarla.

QUINTA PARTE
LA EDUCACIÓN

¿QUÉ ES LA EDUCACIÓN?

Según el consultor independiente, Ramón Daubón, en la Revista de la Asociación de Maestros "El Sol "Número 1, 2012, Educar es alentar la capacidad de procesar conocimiento (la instrucción) para formar juicios. Es la disposición, no solo de aceptar la información, sino la disposición de aprender; y una actitud al gusto del descubrimiento interno de las verdades.

Educar es desarrollar la capacidad para procesar el torrente de información que viene de afuera y que le permitirá formarse juicios, sus verdades y con ellas hacer frente a la vida. Emerge y se nutre de la interacción y contactos en las comunidades humanas, el círculo familiar, el barrio y el entorno.

Tal cual estableció Derek Curtis Bok, "Si tú crees que la educación es cara, costea la ignorancia". Un ciudadano bien informado es la base fundamental de la democracia. Para mantener al pueblo bien informado tenemos que fortalecer el sistema educativo. Debe de ser un plan decenal a prueba de partidos políticos, uno que tenga secuencia cada cuatro años.

¿Cómo podemos educar al pueblo cuando el Departamento de Educación es víctima de la burocracia administrativa y empleos de mantengo; y peor aún, de los intereses políticos y económicos aceptados por nuestro propio gobierno? Hay que erradicar del Departamento los intereses políticos y los oportunistas económicos que a su vez responden a los partidos políticos para el financiamiento de sus campañas. Basta de "empañetar", hay que reconstruir. Tenemos que canalizar el enorme presupuesto que tiene el Departamento de Educación para que el dinero llegue al salón de clase y los maestros.

Aunque aquí se habla de muchas cosas que el gobierno debe corregir para que el país funcione, la educación y nuestros estudiantes deben ser una prioridad. Un buen sistema de educación pública tiene que tener una buena zapata sobre la cual el país continúe construyendo los pisos de los valores sociales y económicos, planes empresariales y económicos, de salud mental y otros, sobretodo, conocimiento para que los electores puedan contar con los mejores elementos de juicio para elegir mejores sus gobernantes. La educación es la "zapata" y la infraestructura de un mejor país. Esto que escribo aquí no es nuevo, es una repetición de lo ya dicho por nuestro prócer Eugenio María de Hostos, a mi juicio, la máxima autoridad en educación que ha dado nuestra isla.

Estudios han demostrado que en los países de mayor educación hay menos criminalidad, asesinatos y mejores gobernantes. La educación debe estar entre las primeras prioridades de un país. Hay una frase del filósofo inglés Francis Bacon que dice: "El conocimiento te da poder y la verdad te hará libre".

El conocimiento lo adquieres de la educación, el poder es del pueblo; y tienes que saber a quién lo delegas, el conocimiento le dará el medio para conocer quién es la mejor opción; y serás libre en la medida que consigas ese conocimiento. Sal de la cárcel de la ignorancia.

Para conservar el poder muchas veces los políticos te mienten. Por eso, no creas todo lo que te digan los políticos y gobernantes, pues te dirán mentira para conservar el poder aunque no sean libres, pero luego son presos de sus propias mentiras.

LAS CONSECUENCIAS DE LA IGNORANCIA

El Director Ejecutivo de Amnistía Internacional- Puerto Rico, Pedro Santiago, nos habla del poder que tiene la ignorancia. Aquí se habla mucho de la ignorancia del elector y del poder de la educación, pero no había oído hablar del poder de la ignorancia como el señor Santiago lo explica en su artículo, "El poder de la ignorancia" en Tribuna Invitada del periódico El Nuevo Día del 12 de febrero de 2015, encontré que su planteamiento debía ser parte de este escrito. Para propósitos de este libro yo prefiero llamarlo consecuencias de la ignorancia aunque su finalidad es la misma.

Nos dice el señor Pedro Santiago que no tiene duda, ni yo tampoco, y citamos: "que la ignorancia elige presidentes, gobernadores, desarrolla política pública y rige la economía del mundo". En este sentido coincide con un estudio económico sobre la toma de decisiones económicas públicas en Puerto Rico de los economistas José I. Alameda Lozada y Alfredo González Martínez del 21 de marzo de 2007. Puede leer más sobre este estudio en la parte de empresarismo y economía. Continúa diciéndonos "Nuestra humanidad ha sido secuestrada por la ignorancia, nos induce al miedo, a la inmovilidad y al fundamentalismo. Nos divide como sociedad y lo peor, nos coarta nuestras capacidades como individuo y como colectivo. El conocimiento basado en la racionalización y la experiencia acumulada directamente o por terceros parece ser un ente en peligro de extinción. La ignorancia va ganando batallas, porque así lo hemos decidido."

También los pueblos han creado lo que Jennifer Wolff llama en su artículo *A Oscuras No.* "la ignorancia racional", que ella la describe y citamos: "cómo- no querer saber, no informarse, no hablar, no actuar, no participar- que nos ha llevado a dónde estamos y hoy resulta demasiado onerosa.

Y continua Silverio diciendo, "los cinco finalistas competirían con el pie forzado "la cárcel de la ignorancia". Le tomó a Omar, dice Silverio, 1.23 segundos componer estos versos:

Entiendo que en lo apremiante
del saber está el destello
para no andar con el sello
nefasto del ignorante
aprendí que lo importante
de hablar es tener sustancia
y he mirado a la distancia
que para aquel sin cultura
es triste sola y oscura
la cárcel de la ignorancia.

Ganó el campeonato de ese año. Y añade Silverio: "¡Qué pena que la mente del político no produzca como la mente del trovador!" Gracias, Silverio.

ECOS HOSTONIANOS

Hace más de 150 años nuestro filósofo y educador, Eugenio María de Hostos, nos dejó un legado pedagógico, el cual tanta vigencia tiene todavía. Son sus enseñanzas hacia un diálogo efectivo, la búsqueda de consenso y la prioridad a la educación.

Con motivo de la celebración en la UPR, del natalicio 175 del filósofo borinqueño, nos informa la periodista Ivelisse Rivera Quiñones en su artículo "Vital practicar las enseñanzas de Hostos", en la sección de "Actualidad" del periódico El Nuevo Día del 12 de enero de 2014 que es vital regresar a las enseñanzas de Hostos. Así se expresó el exrector y excomisionado especial de Vieques y orador principal, Juan R. Fernández, quien criticó fuertemente a los gobiernos por la ineptitud e irresponsabilidad de clase política administrativa de no darle seguimiento a las enseñanzas del prócer. Añade el Sr. Fernández que tiene la esperanza de que el pueblo "se erija por encima de todo lo que atrasa el aplicar estas enseñanzas. Hay que fortalecer el diálogo y buscar la verdad en conjunto', añadió. "Es un llamado a la sociedad a darle prioridad a la educación". En esta misma celebración, la Rectora Interina del Recinto, la doctora Ethel Ríos Orlandi, invitó a retomar los preceptos de Hostos y a repensar el espíritu reformista e innovador que dio a sus prácticas pedagógicas con el compromiso de formar hombres y mujeres capacitados para ejercer la razón y preparados en igualdad de condiciones para ser propietarios de su propia conciencia ciudadana. Hay que empezar con la democratización del conocimiento, porque saber no puede ser un lujo.

Corresponde reflexionar sobre los objetivos del sistema educativo que todos debemos compartir. Me alegro enormemente que ya "Agenda Ciudadana" y su Directora, María de Lourdes Lara, estén elaborando un Plan Decenal de Educación con la ayuda de ciudadanos comprometidos. Lo que me atrae es la palabra 'decenal' porque implica que es un plan a 10 años esto obligaría a futuras administraciones a darle seguimiento. Pero el proceso de educar es lento y para toda la vida. Lo importante es que funcione.

Para Sócrates, por ejemplo, el objetivo fundamental de la educación era fomentar buenos ciudadanos para la democracia, que tuvieran la capacidad de argumentar, discernir y pensar críticamente sobre su vida y sobre los asuntos que afectaban a la sociedad en general. A los ciudadanos hay que proveerles las herramientas intelectuales necesarias para confrontar políticas abusivas, racistas y antidemocráticas. No podemos olvidar o descuidar la formación ética y moral de los futuros ciudadanos.

En nuestra opinión, el objetivo debe ser, en palabras de Meira Levinson, profesora de la Escuela Graduada de Educación de Harvard: "enseñar a nuestros jóvenes el conocimiento y las destrezas para alterar y trastornar las relaciones de poder directamente, a través de acción cívica y política".

DERECHOS A LA EDUCACIÓN

La Carta de derechos de nuestra Constitución en el Artículo II, Sección 5, nos dice que toda persona tiene derecho a una educación que propenda el pleno desarrollo de su personalidad y el fortalecimiento del respeto de los derechos del hombre y de las libertades fundamentales. Habrá un sistema de instrucción pública el cual será libre, no sectario, además, gratuita y obligatoria en escuelas primarias y secundarias. La sección 20 ratifica la educación gratuita en la instrucción primaria y secundaria.

OBJETIVO DE LA EDUCACIÓN

"El objetivo primario a largo plazo de nuestro sistema educativo debe ser la creación de una sociedad verdaderamente democrática, donde los individuos y las organizaciones de la sociedad civil tengan los recursos, las herramientas, la capacidad y la autonomía para interactuar eficazmente con el gobierno y otras instituciones; para oponerse y retar a las estructuras existentes de poder económico, político y socio-cultural; y para reducir las desigualdades generadas por esas estructuras de poder. La educación nos hace inconformes, inquietos, e insumisos ante las fuerzas retrógradas y anti-liberales que crecen cada día en este país. "Palabras citadas de un artículo escrito por Sergio M. Marxuach, Director de Política Público del Centro para la Nueva Economía, titulado ¿Educación para qué? del 24 de noviembre del 2013 en la Revista Negocios del periódico El Nuevo Día.

LA EDUCACIÓN DE HOSTOS

La educación de la que nos habla de Hostos no es solo aquella educación formal que tiene como propósito tradicional las dimensiones cognitivas, comunicativas y morales del aprendizaje y desarrollo humano por medio de un currículo de enseñanza-aprendizaje, sino que también está orientada al desarrollo humano integral por medio de la formación de la conciencia y el carácter. Es una educación que nos muestra la ruta hacia la construcción de un ser humano pleno y una sociedad solidaria por medio de la educación de los ciudadanos que la componen.

A la vez que educamos para el desarrollo humano integral y pleno de los individuos, construimos una sociedad solidaria que le permitirá formar juicios y tener la capacidad de procesar la información política y active la pasión de descubrir las verdades que le van a permitir salir de esta zona púrpura de la demencia. Como dice la Dra. Ana María Polo al finalizar su programa de televisión "Caso Cerrado": "sea cortés, ande con cuidado, edúquese lo más que pueda, respete para que lo respeten y que Dios nos ampare."

LA UNIVERSIDAD DE PUERTO RICO- BALUARTE DE LA EDUCACIÓN

"La Universidad de Puerto Rico (UPR) es nuestra primera institución docente y representa lo mejor de nuestra sociedad en el presente; en ella se cifran, además, sus posibilidades futuras y el futuro talento que gobernará a Puerto Rico."

La escritora Carmen Dolores Hernández comenta en su artículo "Concurso" publicado el 24 de noviembre de 2014 en PERSPEC-TIVA, del Nuevo Día, lo siguiente sobre este derecho: "Todos tenemos el derecho a la oportunidad de acceder al conocimiento, pero solo si tiene la voluntad y la capacidad de hacerlo. El mundo del conocimiento no es democrático. No todos pueden acceder a él de la misma manera, ni se puede garantizar a todos el mismo grado de sabiduría. Los resultados de una buena educación van a depender siempre de la medida del esfuerzo que se haga para adquirirlo, da la capacidad individual y, de los profesores comprometidos". Para el pleno desarrollo de la personalidad, es fundamental que el estudiante descubra y desarrolle sus talentos. Cuando una persona posee talentos que son valorados se afirma su dignidad. Tiene que existir un proceso que valore al ciudadano y lo capacite a tomar decisiones sabias cuando le toque elegir sus gobernantes.

Nos sigue diciendo, la escritora Carmen Dolores Hernández, en su artículo "CONCURSO" del Nuevo Día: "La esencia de una universidad es conformar una comunidad de estudiantes que compartan su sabiduría y de estudiantes que quieran recibirla y transmitan sus efectos a la sociedad entera. La Universidad debe ser verdaderamente autónoma en todos los renglones; debe sentar sus prioridades y sus estándares de competencia y excelencia, vigilando constantemente para que se cumplan. La UPR podría convertirse en la más prestigiosa del Caribe, pero no podrá lograrlo claudicando ante los múltiples reclamos de sectores políticos que la ven como un trofeo político –de la facción que sea – o como un arma en la lucha de clases o un instrumento de reivindicación social. La UPR debe estar al servicio de una comunidad cuyas necesidades inmediatas son diferentes de las de la sociedad, aunque sus logros redunden luego en provecho para un número creciente de ciudadanos.

Nuestra Constitución establece claramente el objetivo principal de nuestro sistema educativo. Así, en la sección 5 de la Carta de Derechos se establece: "Toda persona tiene derecho a una educación que propenda al pleno desarrollo de su personalidad y al fortalecimiento del respeto de los derechos del hombre y a las libertades fundamentales".

SEXTA PARTE

LA CONSTITUCIÓN DE PUERTO RICO Y LOS DERECHOS CIVILES Y HUMANOS

¿PARA QUÉ CONOCER LA CONSTITUCIÓN?

Recientemente ha surgido una controversia en torno a la enseñanza en las escuelas públicas del país sobre la perspectiva de género. Muchas personas no logran entenderlo; por lo que se oponen a esta enseñanza entendiéndola como una enseñanza basada en la sexualidad y hasta la han tildado de inconstitucional. Muchos ciudadanos entienden que esta enseñanza compete a los padres de esos niños enseñarla.

El abogado Jorge Farinacci Fernós escribió en Tribuna Invitada del periódico el Nuevo Día del 18 de febrero de 2015 un buen ejemplo de por qué debemos leer la Constitución de Puerto Rico. "Asuntos como este nos recuerdan de la importancia de volver a leer dicho documento con miras a conocer mejor el sistema en que vivimos", nos recuerda el licenciado Farinacci. Tanto la definición de perspectiva de género como la obligación del estado a cumplir con ella se encuentran en la primera sección de nuestra carta de derechos que lee de la siguiente forma "la dignidad del ser humano es inviolable". "Todos los hombres son iguales ante la ley". "No podrá establecerse discrimen alguno por motivo de raza, color, sexo, nacimiento, origen o condición social, ni ideas políticas o religiosas". Tanto las leyes como el sistema de instrucción pública encarnarán estos principios de esencial igualdad humana. Como pueden ver, si todos los ciudadanos sacaran de su tiempo unas cuantas horas para leerla me parece que no existirían esas controversias.

Es tu deber conocer la Constitución para que tus adversarios y políticos no te engañen. Como buen ciudadano debes educarte y conocer los derechos y obligaciones que te cobijan bajo la Constitución del ELA. El pueblo entero está en el deber de leer y conocer la Constitución de Puerto Rico. De esta forma tus adversarios y políticos no te podrán engañar. Serán especialmente los políticos los que te pasarán "el rolo" si no la conoces. La mayoría de los políticos son abogados y conocen las leyes y la Constitución y aunque se supone que usen las leyes para proteger al pueblo, la mayoría de las veces la usan para favorecer sus intereses.

CONOCER LA CONSTITUCIÓN COMO UN INSTRUMENTO DE CAMBIO

En la Constitución están las reglas de la política. Si comparamos nuestro sistema político con el baloncesto y la pelota, encontramos que la política, al igual que el baloncesto y el "beisbol", también tiene sus reglas de juego. Las reglas más importantes para participar en la política están en la Constitución del ELA. También se establecen los derechos del pueblo para que se le respetaran. La Constitución es la ley suprema del país. Se hizo para proteger al ciudadano de los excesos del poder delegado a su gobernante y funcionarios para gobernarnos. El pueblo por medio de la Constitución le dice al gobierno: "Nosotros le delegamos a ustedes el poder para gobernarnos, pero bajo mis propias reglas". Ahh... y tienen que respetar los derechos establecidos en la Constitución".

Para usted jugar el juego de la política, y conocer sus derechos, tiene que leer la Constitución del Estado Libre Asociado de Puerto Rico. Luego no se queje; y ponga como excusa su ignorancia por parecer un tonto ante el gobierno y sus políticos. En este mundo existen dos dimensiones; la dimensión espiritual, que es su relación con Dios; las reglas para esa relación las puede leer en la biblia. La otra, es la dimensión terrenal y política; y su relación entre los ciudadanos, el gobierno, los políticos; estas reglas las puede encontrar en la Constitución.

Cuando usted ya tiene la edad para votar, y se inicia en el mundo de la política, no quiere decir que usted tiene la capacidad para ejercer su voto con la conciencia que el acto requiere. Primero debe leer y conocer la Constitución y estar consciente que el pueblo tiene el poder soberano y que solo delegamos este poder a los gobernantes de turno, no se lo entregamos. El poder soberano siempre pertenece al pueblo. Defiéndelo.

En un esfuerzo para lograr que aumente el número de estudiantes de escuelas públicas para que éstos continúen estudios universitarios, en especial en la carrera de Derecho, el programa ENLACE de la Escuela de Derecho de la Universidad de Puerto Rico (UPR) y sus estudiantes voluntarios han tomado la iniciativa de dar charlas y talleres en más de 50 de las escuelas públicas del país. A través de estas charlas y talleres, que incluye el conocimiento del Código Civil, la Constitución del ELA, Derecho Constitucional, Proceso legislativo y participación ciudadana y Libertad de expresión, los estudiantes han aprendido a conocer la Constitución, sus derechos humanos, las herramientas que tienen de derecho para defenderse y lo que deben hacer para proteger tanto a los individuos a su alrededor como a sus comunidades. La iniciativa del programa ENLACE y sus voluntarios es un complemento al conocimiento que deben tener los estudiantes de escuela superior para enriquecerse con elementos de juicio al ejercer su primer voto en las próximas elecciones. (Vea el Nuevo Día del 24 de mayo de 2015).

En resumen, el respeto a la Constitución es el respeto al cuerpo social, cuyo poder soberano debe ser el único capaz, en estricta norma jurídica, de modificar su propia ley fundamental. Y es juicioso que lo haga cuando, para su justicia y bienestar, lo crea conveniente. Mientras tanto, la Constitución debe ser roca inconmovible e invulnerable. Desde luego, aquí hablamos de la Constitución, en el sentido genuino del vocablo: la que se otorga a sí mismo un pueblo en ejercicio pleno de su propia soberanía.---Soltero Peralta.

LA CONSTITUCIÓN DEL ESTADO LIBRE ASOCIADO DE PUERTO RICO

Al amparo de la Constitución del ELA de 1952 se constituye el gobierno local interno en nuestro país. Esta Constitución, sola, no es en sí misma la verdadera constitución política de Puerto Rico, esta consta de cuatro piezas legales, a saber:
1. La Ley Pública 600 del Congreso de los Estados Unidos aprobada el 3 de julio de 1950.
2. La Ley de Relaciones Federales con Puerto Rico del propio Congreso.
3. La Constitución de los Estados Unidos.

4.   La Constitución del Estado Libre Asociado de Puerto Rico. (1952)

En virtud de estas cuatro leyes, y en el orden que su jerarquía les
confiere, el Congreso de los Estados Unidos aún continúa ejer-
ciendo el poder político supremo sobre Puerto Rico bajo los poderes plenarios del Congreso Americano. Los poderes que tenemos
son delegados y limitados. El poder soberano del pueblo de Puerto
Rico sobre sus tres poderes es uno local y hasta donde lo limita y
delega el Congreso de los Estados Unidos. Por un lado, mientras
que el Congreso de los Estados Unidos nos otorga poderes políticos para gobernarnos localmente, los electores puertorriqueños le
delegan estos poderes políticos a sus funcionarios electos para que
nos gobiernen.

El Congreso de los Estados Unidos deriva su autoridad legislativa
soberana sobre Puerto Rico de la Constitución Federal. Esta confiere expresamente al Congreso el poder "para disponer de los
territorios y para extender las leyes y ordenanzas que estime perti-
nentes sobre estos y sobre cualquier otra propiedad perteneciente
a los Estados Unidos".

LA CONSTITUCIÓN SE CREÓ PARA PROTEGER AL CIU-
DADANO NO AL GOBIERNO

Esta es la Ley fundamental y suprema del Estado y representa la
voluntad del pueblo directa y libremente manifestada y ratificada
en las urnas. En ellas se establecen las normas y reglas básicas a las
que ha de estar sujeto todo el orden jurídico del Estado. La Constitución está para defender los derechos civiles de los ciudadanos y
crear nuevos derechos, y no para quitarlos. Te protegen de los
malos políticos y sus partidos siempre y cuando ejerzas tu responsabilidad ciudadana de mantenerte al tanto de la política actual.

Nuestra Constitución fue aprobada el 25 de julio de 1952. Igualmente, los organismos y funcionarios, en todos los escalafones de
autoridad, deberán ser seleccionados, y ejercerán en todo tiempo
sus funciones, conforme a las directivas, mandatos y limitaciones

establecidos en la Constitución. Aquí se establecen las condiciones de trabajo bajo las cuales los funcionarios electos aceptan trabajar. También indica quiénes son sus jefes: el cuerpo civil.

Aprobado el documento fundamental, toda la ley que en adelante se promulgue, deberá estar en armonía con la Constitución. A ellas deben quedar subordinadas todas las demás leyes y reglas jurídicas que a su amparo se dicten. Pero cualquier ley que se promulgue contraviniendo a algún precepto de la Constitución, se considerara inconstitucional. El proceso sobre inconstitucionalidad es una de las piedras angulares de todo sistema de gobierno democrático. Sirve para poner a prueba si los funcionarios encargados de dictar las leyes se mantienen subordinados o no al poder supremo del pueblo expresado en las disposiciones medulares de su ley básica: la Constitución. Es un indicador para fiscalizar, cuestionar y auditar el poder delegado a los funcionarios electos. Solo el Estado viola los derechos constitucionales, los ciudadanos no. Una persona no puede demandar a otra de violarle sus derechos constitucionales, pero puede reclamar sus derechos.

EL PUEBLO ES EL QUE MANDA- EL CUERPO SOCIAL CONSTITUIDO

Solo el cuerpo social constituído está por encima de ella. En cambio, todo funcionario u organismo, público o privado, queda subordinado a ella. Podemos decir, que nosotros, el cuerpo civil, somos los patrones de esos funcionarios y organismos, y ellos son nuestros empleados. En el prólogo de la Constitución del Estado Libre Asociado de PR del 25 de julio de 1952 nos dice, que la misma, se estableció con el fin de organizarnos políticamente sobre una base plenamente democrática. También en su Artículo I, Sección 1, página 1 se legisla para señalar que su poder político emana del pueblo y se ejercerá con arreglo a su voluntad. En el mismo Artículo 1, Sección 2 nos dice que el ELA tendrá forma republicana con sus Poderes Legislativo, Ejecutivo y Judicial según se establecen en esta Constitución. Estarán igualmente subordinados a la soberanía del pueblo de Puerto Rico.

DECLARACIÓN UNIVERSAL DE LOS DERECHOS HUMANOS

Con motivo del 65 aniversario de la Declaración Universal proclamada por la Organización de las Naciones Unidas en su Asamblea General del 10 de diciembre de 1948, El Nuevo Día ha publicado 30 artículos sobre estos derechos, que cobijan a cada uno de los puertorriqueños, sin distinción alguna, en una misión educativa para que el pueblo conozca cuáles son estos derechos; y donde expone que solo guiados por la conciencia de sus derechos políticos, sociales y económicos puede un pueblo romper el círculo vicioso de la incertidumbre y la indefensión, emprender sus luchas con determinación sobre lo que le pertenece y unir las fuerzas necesarias para garantizar que cada conquista sea para el bien común.

Los sistemas de gobierno son sistemas que se desarrollan y se perfeccionan continuamente mediante la soberanía activa de sus ciudadanos y la garantía de la libertad de expresión. Un sistema no necesita 'protegerse' de la libertad debidamente ejercida de los ciudadanos; son los ciudadanos quienes deben ser protegidos de la tendencia de los sistemas y los Estados a volverse absolutistas y fascistas. La Constitución no está para castigar a los ciudadanos, sino, para asegurar unos derechos básicos. La Sección 6 permite a las personas asociarse y organizarse libremente para cualquier fin lícito, salvo en organizaciones militares.

DERECHOS HUMANOS RECONOCIDOS EN LA CONSTITUCIÓN

Conocer nuestros derechos humanos es comenzar a ser libres. La Sección 20 del Artículo II reconoce el derecho de toda persona a disfrutar de un nivel de vida adecuado que asegure para sí y para su familia la salud, el bienestar y especialmente la alimentación, el vestido, la vivienda, la asistencia médica y los servicios sociales necesarios. Este artículo le permite a usted vivir y disfrutar de la vida en comunidad con sus semejantes. El escritor Oscar

Wilde decía: "Lo menos frecuente en este mundo es vivir, la mayoría de la gente existe, eso es todo" (Oscar Wilde).

Usted tiene la elección de vivir o existir. Por lo menos, en los derechos humanos reconocidos usted tiene el derecho de vivir.

SECCIÓN 20 del Artículo II – Reconoce (9) derechos humanos.

Uno de los aspectos más sobresalientes de toda Constitución moderna es su Carta de Derechos del ciudadano. En ella se establecen todas las limitaciones que el cuerpo social (el pueblo) impone a sus funcionarios y organismos a fin de que ninguna ley se apruebe, ni se realice acto oficial alguno, en menoscabo o violación de los derechos que en la propia Constitución se le reconocen al ciudadano. Esos derechos se consideran inviolables, inalienables, inherentes, fundamentales, o esenciales a su vida, a su integridad física y moral y a su libertad. Los tratadistas los califican de inalienables para significar que ningún ser humano puede ser despojado de ellos sin desvirtuarle su naturaleza y esencia. Los derechos inalienables son aquellos que nadie nos los da, pero que también nadie nos lo puede quitar. Su vigilancia constante por el cuerpo social equivale a velar por la libertad y dignidad del individuo y de la sociedad. Si la ciudadanía conoce a cabalidad sus derechos, puede reclamarlos en cualquier ámbito, frente a un policía, y ante una agencia de gobierno. Uno muy importante es:

LA LIBERTAD DE EXPRESIÓN

La sección 4 del Artículo II dice "que no se aprobará ley alguna que restrinja la libertad de palabra o de prensa o el derecho del pueblo a reunirse en asamblea pacífica y a pedir al gobierno la reparación de agravios".

La libertad de expresión es un derecho fundamental o un derecho humano, señalado en el artículo 19 de la Declaración de Derechos Humanos de 1948. Las constituciones de los sistemas democráticos también lo señalan. De ella se deriva la libertad de imprenta también llamada la libertad de prensa. El derecho a la libertad de expresión es definido como un medio para la libre difusión de las ideas, fomenta el avance de las artes y las ciencias y la auténtica participación política (los partidos políticos se inscriben con el propósito de expresar unas ideas y una forma de gobernar) y es esencial para el descubrimiento de la verdad. Es la libertad para exponer y discutir con el fin del conocimiento.

Algunos gobiernos tratan de limitar el derecho que tiene el pueblo a la expresión pública, en especial cuando tenemos que defender nuestra Constitución. Los gobiernos existen para preservar las libertades y la felicidad del pueblo y no para reprimir el ejercicio de la democracia y por otro lado socavar la soberanía del pueblo. El pueblo tiene el derecho constitucional a información, a rendición de cuentas y transparencia en todas las transacciones y acuerdos que haga el gobierno a nombre del pueblo.

Nos dice el señor Sergio Marxuach, Director de Política Pública, Centro para Una Nueva Economía, en su columna Tanque de Ideas en la página 4 de la Sección de Negocios del Periódico El Nuevo Día, y citamos: "que toda la información en posesión del Estado, sujeto a cinco excepciones (ninguna de las cuales aplica en este caso), es pública y debe estar accesible a la ciudadanía en general". Y añade "que esta es la regla general en Puerto Rico desde la decisión de nuestro Tribunal Supremo en Soto vs. Secretario de Justicia, 112 D.P.R.477 (1982)", y nos sigue diciendo que el Tribunal en Soto fue claro al declarar "que existe una estrecha correspondencia entre el derecho a la libre expresión y la libertad de información ya que sin conocimiento de hechos no se puede juzgar, tampoco se puede exigir remedios a los agravios gubernamentales mediante los procedimientos judiciales o a través de las urnas cada cuatro años".

El Periodista Antonio Quiñones Calderón nos dice en su columna "El Derecho a No Saber", en el periódico El Nuevo Día y citamos: "Como lo planteó la ONU desde su inauguración en el 1945, la libertad de información (sin matices oficiales) es un derecho fundamental y piedra angular de todas las demás libertades, es decir, se trata de un derecho que garantiza todos los otros derechos esenciales para la vida del ser humano, al menos en las democracias.

LOS DERECHOS CIVILES (HUMANOS) – LA CARTA MAGNA

En el Artículo II está la Carta de Derechos del Ciudadano (página 2) donde hay más de 19 secciones que definen cuáles son nuestros derechos y obligaciones entre las cuales, la secciones 2, 4, 6 garantizan y permiten la voluntad del pueblo mediante la libertad de palabra, libertad de organización, el sufragio universal (el voto) y la protección al ciudadano contra toda coacción en el ejercicio de la prerrogativa electoral.

En la sección 19, al final del Artículo II, (página 5) nos dice que las 18 secciones que anteceden no se entenderán en forma restrictiva, ni supone la exclusión de otros derechos pertenecientes al pueblo en una democracia y no mencionados específicamente. Tampoco se entenderá como restrictiva la facultad de la Asamblea Legislativa para aprobar leyes para la protección de la vida, la salud y el bienestar del pueblo.

DEBEMOS CONOCER LOS DERECHOS HUMANOS

Los derechos humanos establecidos en la Constitución son derechos "rogados". Esto quiere decir, que nadie anda detrás de usted velando para protegerlo y que no se los violen. Usted debe conocerlos para pedirlos y exigir su cumplimiento y garantía; y si usted no los conoce, puede que ni siquiera se dé cuenta cuando se los violen y menos reclamarlos.

SÉPTIMA PARTE
EL EMPRESARISMO Y LA ECONOMÍA

EMPRESARISMO

Uno de los hijos míos, y de su madre por supuesto, me preguntó en una ocasión qué hacía el empresarismo en un libro cuyo tema era de política. Le expliqué que mi opinión es parte de la política del bienestar del pueblo, una cultura de trabajo y una economía vigorosa que cree riqueza. La antigua razón de ir a la escuela y luego terminar una profesión u oficio para conseguir un empleo se ha convertido en una encerrona para la clase laboral. No todas las personas que estudian tienen que ser asalariados. Los gobiernos no aguantan más personas asalariadas; tienen más de los que necesitamos. Tampoco la empresa privada, tiene la capacidad para emplear tantos profesionales y personas que se gradúan, y menos en tiempos de austeridad.

El empresarismo no solo la da las herramientas al que se gradúa, para emprender un negocio propio, sino que crea riqueza y a su vez crea empleos. No solo se mantiene a sí mismo sino que ayuda a otros a mantenerse. Pero para esto es necesario que el gobierno sirva de facilitador para crear una cultura empresarial y promover la conservación de este ecosistema.

Los políticos son los llamados a conocer esta nueva modalidad empresarial y facilitar el camino para echar a correr la economía del país en vez de crear un caos económico con las malas decisiones fiscales. Hay que crear lo que se llama una "tormenta perfecta" que junte todas las circunstancias necesarias que evolucionen en una cultura empresarial. Se necesitan todos los factores del empresario y todos los factores facilitadores del gobierno para crear esta cultura empresarial. Si no la pueden crear, lo menos que pueden hacer es no estorbar.

La actual crisis fiscal y económica tiene su origen en el mismo gobierno. Para que el país pueda salir de esta crisis el gobierno tiene que hacer los ajustes necesarios que faltan. El miedo y la inmovilidad por evitar el costo político, hace que el gobierno no se mueva a hacer los grandes ajustes fiscales. De la misma forma que los ciudadanos van a resolver la crisis política, tienen que hacerlo los empresarios. El futuro de Puerto Rico será de los empresarios.

Siendo mi hijo estudiante de la Universidad de Puerto Rico, Recinto de Aguadilla, le pidió al Doctor en Economía, Alfredo González Martínez, y ex catedrático del Colegio de Mayagüez, que escribiera sobre el empresarismo y la economía para un periódico de la universidad, y le escribió lo siguiente:

EL EMPRESARISMO Y LA ECONOMÍA
Por Dr. Alfredo González Martínez

El empresario no es el principal administrador de un negocio. Es su creador. Es a quien se le ocurrió originalmente la idea de organizar la empresa reuniendo los recursos humanos, financieros, tecnológicos y materiales para producir una mercancía o servicio nuevo o modificación. En la nomenclatura del análisis económico, fue el empresario el último recurso productivo en ser diferenciado de su homólogo: tierra, capital y trabajo. Fue un desprendimiento del recurso humano al notarse que aunque la capacidad empresarial está incorporada en los seres humanos, el empresarismo implica un conjunto ocupacional de habilidades, aptitudes y destrezas diferenciadas de los atributos del recurso productivo de su trabajo. Aunque este último sea especialmente calificado como un físico o sumamente diestro como un artesano, a cada uno de estos tipos de trabajadores les falta un conjunto excepcional de habilidades y aptitudes de singularmente encontrado en quien legítimamente se designa como empresario. Estos talentos los podemos resumir en dos componentes: medular en su disposición a asumir riesgos calculados y su carácter visionario de oportunidades económicas.

Cualquier iniciativa eficaz para formar empresarios tiene que reconocer el carácter dual de esta misión compleja. El programa educativo que se diseñe e implante debe dirigirse, de un lado, a la identificación y al desarrollo del componente anímico de disponerse a asumir riesgo y refinar la habilidad de visualizar un negocio que nadie hasta el momento logró palpar. El segundo componente en la formación de empresarios se refiere a diseñar e implantar un currículo de asignaturas que desarrollen en el aspirante sus capacidades intelectuales para organizar y administrar su negocio. Entre esas disciplinas se encontrarían las nociones básicas de contabilidad, gerencia en sus variantes, como mercadeo, recursos humanos, teoría de decisión y finanzas. Todas estas materias son las tradicionalmente enseñadas en un colegio de administración de empresas. Son cursos necesarios y útiles a la formación de empresarios, pero no son suficientes para la misión de formar un empresario exitoso, eficaz y con potencial auto regenerativo.

LA TOMA DE DECISIONES ECONÓMICAS PÚBLICAS EN PUERTO RICO

"La toma de decisiones económicas públicas politizadas (en el gobierno) es la causante de la crisis fiscal. Es en gran medida el resultado de decisiones políticas pospuestas e inoportunas, cuando se necesitaban tomar no se hicieron, y cuando se hicieron, se pensó en ganar las próximas elecciones; se hicieron a un alto costo. Esto lleva a altos niveles de costos; deudas públicas, inversión en obras públicas caras las cuales no son viables ni económicas ni sociales. Los síntomas de esto son el alto nivel de empleos en municipios, corporaciones públicas y gobierno central, el apego al gobierno central para solucionar problemas, las tarifas sin ajustes para evitar daños políticos pero no económicos a agencias y corporaciones, los altos niveles de promesa sin pensar sus consecuencias e impactos, las contribuciones y las reformas contributivas son promesas falsas pero efectivas en términos electorales y el último, el síndrome del "otro tiene la culpa"; siempre es bueno."

Estas conclusiones fueron citadas de una conferencia titulada "La Toma de decisiones económicas públicas en Puerto Rico, dada al Departamento de Ciencias Sociales en la Universidad de Puerto Rico, Recinto de Aguadilla, por los economistas: José I. Alameda Ph.D. y Dr. Alfredo González Martínez, Catedráticos del Departamento de Economías del Recinto Universitario de Mayagüez.

El CPA Don Juan Agosto Alicea, exsecretario de Hacienda, publicó su libro "Crisis al borde de la quiebra" en octubre del 2011.

Si se tardó dos años en hacerlo esto quiere decir que para antes del año 2008 ya él sabía que el gobierno de Puerto Rico estaba al borde de la quiebra. Aunque don Juan no era economista, era un respetado contador público autorizado y administrador financiero, usando sus habilidades contables en su libro, nos imparte una lección de interpretación y evaluación del estado de situación del Gobierno de Puerto Rico, que según el economista Elías R. Gutiérrez, Ph D., y citamos: "nos lleva a la conclusión inescapable de la condición de franca insolvencia del gobierno de Puerto Rico y nos confronta con la inminencia de una pérdida de control administrativo que sería forzada por los acreedores."Como diría Sherlock Holmes: "elemental mi querido Watson, la relación entre activos y pasivos no pueden sostenerse, son más los pasivos." Siete (7) años más tarde se cumple su profética advertencia: hay más pasivos que activos.

ECONOMÍA NACIONAL PROPIA

Sin soberanía no hay economía. Esta economía debe ser no dependiente de la economía de los Estados Unidos sino insertada en el mundo globalizado, de esta manera no cogeremos una pulmonía cuando a Estados Unidos le dé catarro. Pero para esto necesita más autonomía e independencia política para planificar nuestra propia economía con libertad, de acuerdo a nuestras necesidades y capacidades, debe ser una productiva y no dependiente de los vaivenes de los otros países. Ya es hora de rescatar la ética del trabajo e ir dejando a un lado la dependencia y la emigración como medio de subsistencia. Basta ya de que el Tío Sam nos esté dando pescado para subsistir, tenemos que aprender a pescar. Sin un grado de soberanía no habrá una economía propia. No tener la total libertad de tomar decisiones reduce la capacidad de desarrollar nuestra propia economía. Somos completamente una colonia de los Estados Unidos, tenemos alguna autonomía pero no somos totalmente autónomos. La relación de Puerto Rico con los Estados Unidos es un problema mayormente jurídico e institucional. Aunque exista la voluntad de ambas partes (la cual no existe en este momento) primero hay que resolver el problema jurídico. Una autonomía total ayudaría, aunque la soberanía sería la solución.

Uno de los problemas fiscales más grande y apremiante del gobierno en este momento, es cómo pagar la deuda pública externa de $73,000.000.00 millones. De esta deuda, aproximadamente un 20% está garantizada bajo una cláusula en la Constitución del ELA que obliga a pagar esta deuda externa antes de atender las necesidades básicas de educación, nómina, salud, seguridad y vivienda de nuestra población. ¿Por qué está esta cláusula en nuestra Constitución? Cuando se redactó nuestra Constitución en el 1952, el Congreso Americano le impuso esta obligación. Ya Wall Street, que se encarga de financiar a la mayor parte de los políticos del Gobierno Federal, incluyendo al Presidente, estaba pensando en prestarle a Puerto Rico, ganarse los intereses, y asegurarse que a su vez, que le pagaran el principal sin importar las necesidades inmediatas del pueblo.

Según el Periodista italiano y doctor en economía, Roberto Savio, la "sociedad civil" y no los estados, son el eje del debate internacional. Son el actor principal en los asuntos vitales del mundo. Hay una nueva visión del nuevo orden mundial. Y en años recientes han transformado las relaciones de poder y de gobernabilidad. "El mundo ha dado un giro de forma que las finanzas se han impuesto sobre la economía y la política. En poco tiempo, hemos pasado a lo que los economistas llaman "la nueva economía" y ésta se basa en la productividad y la ganancia expresó Savio.

Nos dice el economista Savio que hay una crisis de las instituciones políticas que van de la mano con el creciente poder de la finanza, que no tiene ningún organismo regulador internacional a diferencia del comercio. El sistema internacional económico y financiero ha crecido aceleradamente y ha ido relegando los estados a un segundo plano. En las últimas décadas, la sociedad civil ha aumentado de manera impactante. Esto se debe, precisó, "a que por primera vez en la historia, no solo hay un sistema de información si no uno de comunicación como la internet". La sociedad civil internacional y nacional, concluyó, "está todavía a la búsqueda de este nuevo camino institucional, que permita participación contínua, y no delegue a nadie el propio espacio individual. Es una búsqueda que no ha terminado, y que hasta ahora no ha permitido que el movimiento ciudadano encuentre una capacidad de estructuración que tenga una salida en la política legislativa". "El único camino para una gobernabilidad viable, a largo plazo, es que se cree un debate para establecer valores comunes, en los cuales se reconozca la mayoría de la humanidad". "Bastaría actuar según las constituciones nacionales de todos los estados y los estatutos de los organismos internacionales. Todos los estatutos del mundo se basan en valores de justicia social, nacional e internacional, transparencia, participación, desarrollo y de solidaridad."

Renglones para mejorar nuestra economía:
1. Reducción de gastos gubernamentales.
2. Bajar el gigantismo gubernamental.
3. Planificación de la infraestructura.
4. Bajar el costo de la energía eléctrica.
5. Bajar el costo del servicio de agua.
6. Aumentar las exportaciones
7. Crear una cultura empresarial.
8. Eliminar las leyes de cabotaje.
9. Reducir el mantengo del gobierno.
10. Crear una cultura de trabajo.
11. Fomentar la agricultura.

CREAR UNA SOCIEDAD ABIERTA

Escribe el Sr. Sergio M. Marxuach, Director de Política Pública Centro para una Nueva Economía, en su artículo " TANQUE DE IDEAS" en la Revista Negocios del domingo, 26 de enero de 2014, la necesidad de una economía basada en el conocimiento y la producción de ideas, nos dice, y citamos " políticas públicas que fomenten la generación del conocimiento; escuelas y universidades con currículos modernos que enfaticen el pensamiento crítico e instituciones que protejan y fomenten la creación de nuevos conocimientos". Las universidades, sus profesores y las mentes brillantes que tenemos, son la base que forma la "Industria del Conocimiento". Tenemos que evolucionar para que en vez de educar trabajadores para grandes empresas, los eduquemos para ser emprendedores. El éxito de las universidades no debe estar basado en el número de estudiantes graduados, listos para ser empleados, sino por utilizar ese conocimiento para inventos y la comercialización de los mismos. El "Conocimiento", al igual que lo es el turismo, es una industria que tenemos que desarrollar. Para esto Puerto Rico debe transformarse en una sociedad abierta.

Los seres humanos siempre estamos cuestionando, estudiando, investigando y experimentando. Por lo tanto, la creación y desarrollo de nuevas ideas requiere de una sociedad que esté abierta a estos procesos de innovación. Para abundar más sobre este concepto puede referirse al libro "The Open Society and its Enemies" publicado en el 1945 por Karl Popper. Puerto Rico debería hacer la transición para convertirse en una sociedad abierta. El Centro para una nueva economía se ha embarcado en una nueva iniciativa para que nos lleve más allá de nuestro ámbito usual de acción como es "think tank" o tanque de ideas de temas económicos y política pública. Y sigue diciendo el Sr. Marxuach, "que el propósito es crear una sociedad verdaderamente democrática en Puerto Rico, donde los individuos y las organizaciones de la sociedad civil tengan los recursos, las herramientas, la capacidad y la autonomía para interactuar eficazmente con el gobierno y otras instituciones; para oponerse y retar a las estructuras existentes de poder económico, político y socio-cultural; para reducir las desigualdades generadas por esas estructuras de poder; y para ser agentes de cambios para conseguir un gobierno responsable, ético, transparente y que rindan cuentas al pueblo".

Es importante que el pueblo entienda que una economía basada en el conocimiento no funcionará en una sociedad cerrada y poco transparente donde se le tema al cambio y a la innovación; y hacer las cosas de manera diferente donde se desperdicie el talento de miles de personas víctimas de la discriminación y la marginalización social; y donde se utilice el poder gubernamental arbitrariamente para perseguir aquellos que deciden marchar al ritmo de otro tambor. Hay que vencer en inmovilismo. En suma, nos dice, que no puede haber una reactivación sostenible de nuestra economía sin apertura y sin un cambio sistemático que nos asegure más transparencia, más justicia y mayor equidad.

Ya en los años 30, don Pedro Albizu Campos nos hablaba de la realidad económica que debía tener Puerto Rico; ésta debía ser una de que nos llevara del "amor al dinero" a justa distribución de la riqueza material y a reformular el concepto de lo que es riqueza.

TENEMOS UN GOBIERNO MUY CARO

El E.L.A. como está no funciona. El ELA de ahora hay que enmarcarlo dentro de una economía nacional propia que permita flexibilidad para el desarrollo de una nueva economía hacia nuevos horizontes económicos y dentro de la globalización actual, si fuera propio, fuera de la mayoría de los poderes plenarios del Congreso Americano, el cual nos ha sepultado en el hoyo de dependencia y un freno económico. El bipartidismo, en su lucha sectaria entre los dos partidos que la componen ha llevado a crear un gobierno muy caro. Todo por la rivalidad entre ellos para obtener el poder cada cuatro años. Es imprescindible minimizar los desembolsos del gobierno a los que sean absolutamente necesarios. No podemos costear un gobierno tan caro. El país no produce lo suficiente para el presupuesto que aprueban todos los años, a menos que no sigan aumentando los impuestos y los préstamos. Ni los impuestos ni los préstamos aguantan más.

LA ECONOMÍA Y LA SOBERANÍA

Un máximo de soberanía económica y soberanía política nos ayudará a minimizar la dependencia tanto del Gobierno de Puerto Rico como del Gobierno americano. La soberanía de un país va cogida de la mano de una economía vigorosa y saludable. Sin una no hay la otra. Es posible que un posible cambio de "status" mejore la economía al obligar a la ciudadanía a aportar y producir en vez de consumir riquezas. La riqueza se crea a través del empresarismo y sus emprendedores. La necesidad es la madre de la invención, la creación, la transformación y la dependencia económica.

El E.L.A. y el gobierno son dos cosas diferentes. El ELA es una forma de gobierno o "status" que creó Don Luis Muñoz Marín en el 1952 para poder convivir con el Gobierno Federal en sus relaciones políticas y obtener el control de un gobierno político delegado. Por otro lado, el gobierno es una forma política que cambia de acuerdo al partido político y los políticos que son electos en unas elecciones. Es un gobierno que escoge el pueblo cada cuatro años. Los gobiernos que han estado operando durante las últimas dos décadas han sido unos gobiernos de ineficiencia, disfuncionales, inoperantes y más caros de la historia política puertorriqueña. Los partidos Nuevo Progresista y Popular Democrático y sus gobernantes licenciado Carlos Romero Barceló, licenciado Rafael Hernández Colón, Dr. Pedro Roselló, licenciado Aníbal Acevedo Vilá, Sra. Sila María Calderón y el licenciado Luis Fortuño nos han sumido en el abismo de una deuda de más de setenta mil millones de dólares en la búsqueda, el poder y el mantenimiento del mismo.

Tal parece, que el licenciado Alejandro García Padilla quiere seguirle los pasos si antes no se da cuenta de la realidad. Estos gobernantes se han enfrascado en una carrera desenfrenada para obtener y mantener el poder político y tratar de alcanzar las promesas hechas al pueblo. Estas son las consecuencias de esta deuda multimillonaria. No importa que los gobernadores no tengan dinero para hacer obras, que sean íconos de su gobernación y que les sirva para retener el poder, lo que importa es que gobiernen bien.

"No sé si soy yo…" se titula una columna escrita por el Profesor de Finanzas de la Universidad de Puerto Rico, el señor Carlos Colón De Armas, en el Nuevo Día del 16 de septiembre de 2015. En ella nos explica, y coincide con el CPA Juan Agosto Alicea y su libro "Crisis al borde de la quiebra", de cómo los pasivos llegaron a ser más que los activos, la razón, por incrementar los gastos. Entonces, concluye, que el tomar medidas correctivas como eliminar el salario mínimo federal, no pagar la deuda, (porque afectaría los servicios a los ciudadanos, lo cual no es significativo, ya que solo un 33% es pagadera con el Fondo General, de donde se saca el dinero para pagar los servicios, y por último, culpar a los bonistas por problemas que no causaron ellos, sino que fueron ocasionadas por las entidades del gobierno, al tomar decisiones incorrectas respecto a la economía pública según explicaciones de los economistas José I Alameda y Alfredo González Martínez, con quienes también coincide. Conclusión: hay que corregir el desbalance entre los pasivos y los activos y frenar los desembolsos por gastos gubernamentales.

Tenemos un gobierno que le sale muy caro al ciudadano, porque no han sabido ajustarse a un presupuesto con ingresos razonables, que provienen de unos impuestos razonables al ciudadano. Hay que ajustarse a un presupuesto planificado y razonable (Un balance entre ingresos y gastos) para luego no necesitar más dinero que obliguen al gobierno tomar prestado usando al ciudadano como codeudor. Como dice el refrán: "La última la paga el diablo". NO, NO, NO, NOOOO... la paga usted.

OCTAVA PARTE
PUERTO RICO Y EL STATUS

¿QUÉ PACTO?

La Ley pública 600 fue aprobada por el Congreso de los Estados Unidos el 3 de julio de 1950 por la autoridad que le da la Constitución Federal sobre sus territorios. Dice la Ley en su texto, que fue con carácter de un pacto entre Puerto Rico y los Estados Unidos. Esta expresión de "pacto" en una Ley del Congreso, empleada a modo de base de la relación jurídica entre Puerto Rico y los Estados Unidos, tuvo el efecto de colocar a Puerto Rico en un plano de igualdad jurídica con el poder soberano y que, en consecuencia , constituyó un reconocimiento implícito de soberanía en el pueblo puertorriqueño. Esto contradice la opinión del Congreso en el sentido de que no fue un pacto y que puede ser alterado unilateralmente por los poderes plenarios del Congreso. Los poderes plenarios del Congreso siguen vigentes.

En el libro "Foreign in a Domestic Sense" editado por Christina Duffy Ponsa, Catedrática de Derecho de la Universidad de Princeton, ella nos señala que el E.L.A. mejorado no es otra cosa que una retahíla de deseos no constitucionales y que en muchas ocasiones sobrepasa el grado de soberanía que el que tienen los estados. Entre los deseos del E.L.A. mejorado están:

1. Que concedan un grado mayor de soberanía que el que tienen los estados, pero no la independencia.
2. La promesa de la Unión Permanente con los Estados Unidos pero no la Estadidad.
3. La garantía de la ciudadanía americana ahora y en futuro para los nacidos en Puerto Rico.
4. Control local de las áreas tradicionalmente bajo control federal como inmigración y comercio exterior.
5. El poder para determinar unilateralmente, caso a caso, y rechazar las leyes federales que entendamos.
6. Una declaración clara y precisa de que la relación entre los Estados Unidos y Puerto Rico es en forma de un trato (Compact) alterable solo por consentimiento mutuo.
7. En resumen, "lo mejor de dos mundos".

El Sr. Collado Schwarz en un artículo para el periódico El Nuevo Día del jueves 25 de marzo de 2010 nos dice y citamos: "que la Constitución de Estados Unidos aprobada en 1787 especifica en el Artículo IV, Sección III que el Congreso podrá disponer de, o promulgar, todas las reglas y reglamentos necesarios en relación con el territorio o cualquier propiedad perteneciente a los Estados Unidos". En el caso de Puerto Rico no solo aplica la cláusula territorial si no el Tratado de París de 1898, en el que España nos cede a Estados Unidos y especifica en el Artículo IX: "Los derechos civiles y la condición política de los habitantes naturales de los territorios aquí cedidos a Estados Unidos se determinarán por el Congreso".

El Senador Joseph Foraker, autor de la Ley Foraker de 1900 (todavía parcialmente vigente), comentó en sus memorias publicadas en 1917, entre otras cosas que Puerto Rico pertenece a Estados Unidos, pero no es Estados Unidos ni parte de Estados Unidos. Cabe observar que la Constitución, por el lenguaje de su disposición establece una distinción entre Estados Unidos y el territorio que pertenece a Estados Unidos. Que los territorios no incorporados pertenecen a pero no son parte de Estados Unidos. Bajo la cláusula territorial el Congreso tiene el poder de determinar qué parte de la Constitución de los Estados Unidos aplican a los territorios. Se confirmó que el Congreso mantendría poderes plenarios sobre Puerto Rico. No importa el nombre que le pongan, Puerto Rico, es un territorio no incorporado bajo los poderes plenarios del Congreso. La clave del futuro de Puerto Rico es la cláusula territorial. Una vez nos coloquemos fuera de la cláusula, dejaremos de ser colonia y alcanzaremos la soberanía, con dos posibles opciones políticas: la Libre Asociación o la Independencia.

Puerto Rico fue tomado como botín de guerra por Estados Unidos al finalizar la guerra hispanoamericana en el 1898. En el 1917 la Ley Jones del Congreso Norteamericano nos otorgó la ciudadanía americana (pero somos colonos). En 1952 se creó el Estado Libre Asociado de Puerto Rico. El pueblo de Puerto Rico aprobó y el Congreso norteamericano ratificó nuestra Constitución. En este mismo año la Convención Constituyente aprobó la Resolución 22 para determinar el nombre de Puerto Rico. Al aprobarse la Constitución de P.R. por el Congreso norteamericano, el documento usado estaba redactado en inglés. En ese documento aprobado se definía a P.R. como un "Commonwealth" que en aquel momento significaba el "status" de una comunidad políticamente organizada, en sentido genérico, un estado, en el cual el poder público reside inapelablemente en el pueblo sobre una base democrática, donde el orden político está subordinado a los derechos del hombre y donde se asegura la libre participación del ciudadano en las decisiones colectivas.

Nuestra Constitución fue originalmente redactada en inglés. Si traducimos su nombre literalmente, no significaría lo ya hemos explicado aquí. Así que se optó por llamarlo "Estado Libre Asociado de P.R.", aclarando que para los fines de este convenio dicho nombre equivale a la traducción adecuada del vocablo inglés: "The Commonwealth of Puerto Rico." Vemos como la palabra "Libre" en el nombre de nuestra Constitución se refiere a la libertad o autonomía de gobernarse políticamente y no a una libertad con soberanía como una nación independiente. Lo de la palabra "Estado" se usa solo para describir un ente político que está libre de autoridad superior solo en su autonomía política. Todo esto bajo los términos acordados en la Ley de Relaciones Federales con P.R.(por eso lo de la palabra "Asociado" en su nombre), bajo el poder del Congreso y subordinado a la Constitución de los E.U.

Las leyes del Congreso norteamericano se aplican a Puerto Rico; sin embargo, no tenemos representación en ese cuerpo rector. Tenemos un representante con voz, pero sin voto. No podemos votar por el Presidente de Estados Unidos. Los trabajadores puertorriqueños contribuyen al Medicare y Seguro Social igual que los norteamericanos del continente, con la diferencia de que los ancianos, los hospitales y los médicos reciben pagos inferiores a los que otorgan en los otros 50 estados, aunque las exigencias de calidad y cumplimiento son las mismas. Puerto Rico recibe fondos de 'Medicaid" para pagar los gastos médicos de los pacientes pobres del territorio. Estos fondos se usan para cubrir los servicios brindados a través del plan de salud del gobierno.

Doña Carmen Barbosa, nieta mayor de José Celso Barbosa, opina que los estadistas deben educar continuamente al público sobre los beneficios de ser estado y no hacer propaganda politiquera para convencer. Ella aclara que es "estadista" y no política queriendo decir "que no tiene que seguir un partido para ser estadista; definiendo la estadidad como el convencimiento real del pueblo, convencimiento de los postulados democráticos americanos." No basta tener una visión de conveniencia económica y de una dependencia total, como los partidos políticos tratan de hacer ver a sus seguidores, si no de una convicción verdadera, real, de lo que representa ser parte de la nación americana de corazón. Esto significa, según ella, que P.R. pueda tener participación total en las decisiones del Congreso y en la elección del Presidente estadounidense, más allá de los beneficios económicos que recibiría la isla. Esto es más bien un ideal, que seguir una disciplina de partido. Según ella, el ELA, es una colonia cuya alternativa económica le conviene a muchos. El punto de vista que tiene Doña Carmen del ELA es realista hasta cierto punto, pues el ELA como un ideal terminó con su arquitecto: Don Luis Muñoz Marín. En estos momentos el ideal sería la soberanía del ELA.

El ELA soberano tendría un ideal, el ELA como está no. A muchos ciudadanos de Puerto Rico les guía el miedo para poder tomar una decisión en cuanto al "status" se refiere. Los estadolibristas y los independentistas les tienen miedo a la estadidad y el estadista le teme a la independencia. Los adversarios políticos se han encargado de proyectar ese miedo los unos a los otros. El miedo no puede ser el motivo para escoger o no un status. Tiene que existir una convicción real y verdadera de lo que representa ser parte de la opción que usted escoja. Sin miedo, y sin dejar que le involucren el "status" en unas elecciones generales, de modo que los políticos tengan la oportunidad de llevarnos a las urnas con el solo propósito de que votes por el candidato "mongo" de su partido.

El "issue" del "status" no debería estar presente en las elecciones generales, pues desvirtúa el propósito de las elecciones: elegir las personas que nos van a gobernar y dirigir. Esto no se debe confundir con la determinación de un "status". Los políticos no pueden resolver el problema de "status" de P.R. Solo el Congreso de los E.U. tiene ese poder. He aquí algunas verdades del "status'':

- Somos una colonia.
- Somos un territorio que pertenece a Estados Unidos.
- Estamos bajo la cláusula territorial del Congreso Americano.
- Somos un botín de guerra por el Tratado de París.
- Somos "ciudadanos" de los Estados Unidos por una ley.
- Verdaderamente somos "colonos" de la Colonia.
- No somos parte de Estados Unidos.
- El Congreso de los Estados Unidos nos puede vender.
- El Congreso de los Estados Unidos nos puede gobernar como mejor crea.
- Somos un territorio no incorporado (SIN ESPERANZAS).
- El Congreso tiene el poder de determinar qué partes de la Constitución Americana aplican en los territorios.
- El Congreso mantiene poderes plenarios sobre Puerto Rico.
- Tenemos representación en el Congreso con voz pero sin voto.
- No votamos por el Presidente de Estados Unidos.
- Pagamos los mismos impuestos del Seguro Social y Medicare que todos los Estados pero los beneficios son menores.
- El Gobierno de P.R. recibe fondos de "Medicaid" para pagar los gastos médicos de las pacientes pobres del territorio que los usa para pagar los servicios brindados por la tarjeta Mi Salud. No todos los servicios son costeados por el Gobierno de P.R.
- En Puerto Rico somos los únicos que tenemos un tope de cobertura para" Medicaid".

- La Constitución de los Estados Unidos de América va por encima de la Constitución del Estado Libre Asociado de Puerto Rico.

EL STATUS Y LA ASAMBLEA CONSTITUYENTE

Para resolver el problema del "status" en Puerto Rico hay que buscar convergencias entre todos los partidos y hacer alianzas, como nos explica la exsenadora Carmen Yulín Cruz en su libro "El poder está en la calle", para pedir al Congreso aprobar una Asamblea Constituyente de "status" que satisfaga a todos los partidos. Algo que las partes debieron hacer desde un principio y que le hubiese economizado tiempo, dinero y una recuperación económica más temprana al pueblo de P.R. Pero lo que le importa a muchos políticos es que gane su partido para prevalecer en el poder y seguir protegiendo sus intereses. Les faltó esa voluntad que tanto le pidió el pueblo.

En cuanto a esta administración es una promesa incumplida. Puerto Rico es un país que está siempre dependiendo de los Estados Unidos. Esta dependencia y el no tener la total libertad de tomar decisiones económicas, no partidistas, reduce la capacidad de tener una economía más robusta.

El problema del "status" político es uno donde hay dos bandos, Puerto Rico y los Estados Unidos. Los partidos en Puerto Rico siempre se han estado manifestando, pero el otro bando, el Congreso Americano no se expresa. Todavía, después de más de cien años no sabemos lo que piensa Estados Unidos sobre el "status". Creo que una asamblea constituyente de "status" compuesta con representación de los ciudadanos, el gobierno y la empresa privada, unidos en una sola voz sería una forma eficaz de que los "americanos" abran la boca y digan lo que piensan.

NOVENA PARTE

DEBES SER PARTE
DEL CAMBIO QUE DESEAS

Manos humanas: máquina de solidaridad (2015)

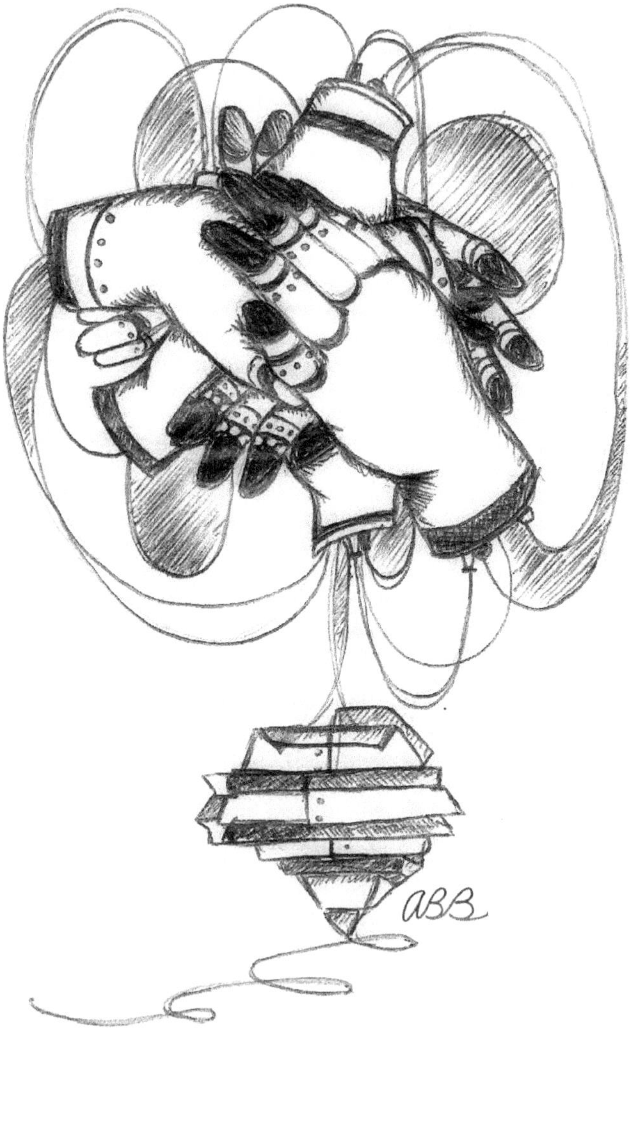

LA VERDADERA CARA DEL CAMBIO

En el artículo de Silverio Pérez del 26 de marzo de 2015, en Punto Fijo, de la sección de Perspectiva titulado "Los carritos locos" Silverio nos habla de cómo la irracionalidad se ha apoderado de la discusión pública en estos momentos de crisis cuando lo que se necesita es una discusión balanceada entre lo sosegado y urgente para conseguir un consenso. Pero, dice Silverio, es que parecemos niños disfrutando de los carritos locos en un parque de diversión. Luego metaforiza el guiar los carritos locos con los personajes que entraron a la política, o al servicio público y que ocupan el foro de las noticias diarias. Se aprueban leyes con márgenes precarios de votos debido al maldito bipartidismo y nada de lo aprobado resulta en una solución. Al final exclama: ¡Qué la locura pare ya! Sospecho que la solución es quitarles a los políticos el control de la cosa pública. Pero, ¿Dónde está la sociedad civil? Al diálogo sosegado hay que añadirle: la acción."

Al pasar la página del Nuevo Día en que escribió Silverio su artículo, aparece el artículo de la Escritora, Carmen Dolores Hernández, donde nos dice la Escritora que después de 75 años; "hemos tocado fondo." El País bajo la fórmula actual de gobierno bipartidista no da más. No se busca el bien común. Los políticos se sirven del gobierno para perpetuarse en el poder y adelantar sus propósitos. La Legislatura es incapaz, las agencias estorban la gestión pública, la burocracia inmoviliza toda gestión, la filosofía del ELA resulta inoperante, la desigualdad alcanza niveles escandalosos, hay poca movilidad social, la escuela no educa bien, antes los legisladores hacían su trabajo sin necesitar un batallón de asesores, sabemos del engaño, la ineficiencia, y la corrupción, cada vez somos más dependientes y consumistas, somos aficionados al placer y a la comodidad, nada nos une, ni siquiera la indignación ante el pésimo gobierno de los partidos que alternan el poder, expertos en retóricas demagógicas, ciegos ante la ineficiencia.

Continúa la escritora diciendo y citamos: "Con tantos ilustres diplomados -como tenemos graduados de grandes universidades extranjeras-, ¿Dónde están las ideas transformadoras, la inspiración para lograr un cambio real, la orientación para un pueblo sin norte? Dice la escritora: (y esto contesta la pregunta de Silverio de ¿Dónde está la sociedad civil?) "Necesitamos un movimiento no partidista a favor de la previsión a largo plazo, de la coherencia social, de la honestidad, del compromiso con la gestión pública honrada y eficiente, del desmantelamiento de las caducas estructuras gubernamentales que son rémoras para el progreso."Si las personas que se unieron para prevalecer en la derrota del proyecto minero, la salida de la marina de Vieques, y la oposición al gasoducto son instancias de una eficacia social, también podemos prevalecer en los reclamos de un mejor gobierno. La historia reciente demuestra que cuando nos unimos prevalecemos."

En el libro de Malcolm Gladwell, "The Tipping Point" él nos relata cómo las cosas pequeñas pueden hacer una gran diferencia". Pues todos tenemos algo que aportar. Juntos podemos. Hasta que no empecemos a formar una generación de ciudadanos y electores con las cualidades necesarias para salir de esta zona de demencia, no se podrá acabar con los problemas del bipartidismo en Puerto Rico. Estoy convencido que le toca a los ciudadanos a través de las comunidades unirnos y dejar la dependencia del gobierno, tenemos que hacer las cosas por nosotros mismos, ser solidarios y unirnos en las causas comunes, y hacer alianzas con las diferencias, solos no podemos derrotar esta demencia política.

EJEMPLO DE CAMBIO EN UNA SOCIEDAD CIVIL

En el mismo periódico del Nuevo Día del 26 de mayo, en Mundiales, salió un retrato de Ada Colau, la activista española que será Alcaldesa de Barcelona y la ex Jueza Manuela Carmena de 71 años en Madrid. Y citamos:" La segunda ciudad de España se convirtió este pasado domingo en símbolo del cambio político que atraviesa el país y Ada Colau es una de sus principales protagonistas. Las elecciones municipales y regionales fueron un importante castigo para el partido gobernante (Partido Popular), dañado por la crisis económica y por un cúmulo de casos de corrupción. Los comicios dejaron las alcaldías de Madrid y Barcelona a las puertas de un gobierno encabezado por candidaturas ciudadanas vinculadas con el partido anti-austeridad PODEMOS. Los partidos tradicionales tendrán que compartir el poder con los emergentes PODEMOS y CIUDADANOS en el resto del país. El partido PODEMOS surgió de un movimiento social a favor de los afectados por los desahucios por falta de pago en las hipotecas. No quiso unirse a ningún partido político, pero luego se unió a una plataforma ciudadana con muchos voluntarios de barrios en una muestra de las ansias de cambio de una parte de la sociedad civil. El PP pierde tanto Madrid como en Barcelona, entre otros municipios. Los comicios dieron entrada a nuevos actores políticos, en especial destacaron las llamadas candidaturas ciudadanas, que tienen su origen en el movimiento de los "indignados" que en mayo del 2011 salió a las calles de España para hacer patente su rechazo a los políticos tradicionales. "Queremos gobernar escuchando al pueblo, que nos llamen por el nombre de pila," dijo Manuela Carmena.

LAS CAUSAS DE ESTOS MOVIMIENTOS EN ESPAÑA ESTÁN PRESENTES EN PUERTO RICO

El Decano de la Facultad de Derecho de la UIA y expresidente del Colegio de Abogados, licenciado Julio E. Fontanet, nos dice en su artículo ¿Podemos? En Punto Fijo del Nuevo Día y citamos: "que los movimientos causados por la indignación y las injusticias, causantes de los movimientos emergentes en España, están presentes en Puerto Rico. El mensaje es claro: el pueblo Español se siente frustrado con el bipartidismo y busca opciones en nuevos movimientos; con gente nueva y distintos estilos y conceptos de gobernanza." Concluye diciendo "que lo acontecido en España constituye un evento positivo ya sea por el nacimiento de nuevas fuerzas políticas comprometidas con priorizar en el acceso de sus ciudadanos a los servicios básicos o que en alternativa, se dé la transformación de los partidos tradicionales para que atiendan las realidades contemporáneas del pueblo español".

Yo creo que en Puerto Rico, por su idiosincrasia política, se necesitaría una mentalidad y una educación electoral diametralmente opuesta a la que tenemos ahora para el nacimiento de nuevas fuerzas políticas, pero podemos. En cuanto a la alternativa de la transformación de los partidos tradicionales para que atiendan nuestras realidades de pueblo son más realizables, todo lo que hay que hacer es indignarse y actuar. Licenciado, juntos podemos.

HACE FALTA UNA ENMIENDA CONSTITUCIONAL

El licenciado Efraín Cintrón García, en Cartas de Lectores en el Nuevo Día del 12 de junio de 2015 escribió el artículo: ¿Por dónde empezar? en el cual nos da los ejemplos de lo que está sucediendo en España y México y los avances de los nuevos movimientos electorales, los cuales son más dificultosos en Puerto Rico. Dice él y citamos: "La inscripción de un partido es cuesta arriba en Puerto Rico, habría que cambiar la ley electoral haciendo una enmienda constitucional". La legislatura, por sí, no va a hacerlo. La sociedad civil, debería empezar de atrás hacia delante o sea proponiendo, debatiendo duro hasta crear conciencia y hasta condicionar su apoyo al que prometa la reforma electoral y/o la enmienda constitucional. Empecemos ahora en el 2016. El país es más importante que los partidos. Es la única forma de acabar con el bipartidismo.

MÁS CAMBIOS SOCIALES

En México, en el estado de Guerrero, el primer candidato independiente a gobernar encabezaba las encuestas cuando se inició el cierre de las votaciones del 7 de junio de 2015, en elecciones parlamentarias y locales. Otro candidato independiente, Jaime Rodríguez, conocido como "El Bronco" del estado norteño de Nuevo León, se encontraba delante de la candidata del Partido Revolucionario Institucional. (PRI).

FILOSOFÍA DEL BIPARTIDISMO

En el Nuevo Día del 27 de mayo de 2015, en la columna "Buscapié" el Escritor y Bloguero, Sergio C. Gutiérrez nos define la filosofía del bipartidismo y citamos: "El horizonte que ofrece el bipartidismo, como bien sabemos en esta isla, es uno caracterizado por la supuesta inexistencia de otro tipo de política". El bipartidismo dice que solo hay una medida posible y propone dos modos para administrarla. Se trata de un sistema y una visión de mundos sardónicos, que gira en torno a la producción y a la aceptación de lo contingente como lo necesario. Es decir, el bipartidismo parte de la creencia profunda de que no hay hoy ni habrá mañana otra opción. Así, impone y fija límites indudablemente arbitrarios, al horizonte de su imaginación política, a través de lo cual incluye y excluye otro tipo de posibilidades, opiniones y acciones políticas. Lo que pasó en España con Colau y Carmena es interesante para la situación puertorriqueña de hoy porque son una protesta a los desahucios, desalojos y corrupción financiera y porque Colau y Carmena implican una crítica paralela al bipartidismo como maquinaria y como política. Sé parte de la premisa de que el bipartidismo no es nada más ni nada menos que pobreza de imaginación. Aceptar la pobreza del bipartidismo no es una conclusión, si no el primer paso para la expansión de los horizontes del debate y lo común, de la devolución de lo público de esa tarea central a la política que es la imaginación.

¡BINGO! TENEMOS UN SOLO PARTIDO

Hablando de filosofía, y sacando el "status" aparte, después de leer lo del "Bloguero" Gutiérrez, he llegado a la conclusión de que el bipartidismo es solo una máscara que oculta un dragón de dos cabezas. La cabeza roja y la cabeza azul del PPD y el PNP. Estos son dos partidos muy parecidos y operan iguales cuando se trata de obtener el poder y engañar a las personas. Bajo el manto de la filosofía del bipartidismo son idénticos. Ambos buscan el control del mantengo, de los títulos de "Honorables", la administración del presupuesto, los empleos gubernamentales, los contratos y todos los demás beneficios que provee el Estado para sus ciudadanos, para luego repartirlos entre los afiliados de su partido. Esto lo conocemos como partidocracia todo lo contrario a la democracia. Le podríamos llamar el Partido Popular Progresista (PPP), el cual representa la filosofía del bipartidismo y usa una bandera con el fondo azul, rojo y blanco y en el medio un dragón color púrpura con dos cabezas, una roja y otra azul. En las próximas elecciones si votamos en contra del bipartidismo, estaremos derrotando dos partidos al mismo tiempo. Después de todo este tiempo, me doy cuenta que en nuestra bendita isla solo existe un partido, el PPP. Mejor conocido como el bipartidismo. Ambos al asecho el uno del otro, tratando cada cuatro años de ver si le pueden arrebatar el botín al adversario y sus afiliados. Mis queridos electores, ¿Es por esto, por lo que tú quieres votar? ¿Tú te mereces esto? ¿El país se merece esto? No podemos esperar que el dragón resuelva tus problemas, nosotros como país tenemos que enfrentarnos al dragón. Juntos podemos. "Caminante no hay camino, se hace camino al andar, junte a junte, voto a voto…. lo podemos lograr."

NUEVOS MOVIMIENTOS LOCALES EN ESPAÑA

El historiador Rafael Torrech San Inocencio en Tribuna invitada del 29 de mayo de 2015 en el Periódico El Nuevo Día en su artículo En qué creer y citamos: "nos dice como en la convención del "Comic Con" los jóvenes gozaron las fantasías escapistas de las tirillas cómicas estadounidenses y la animación japonesa. Sus sanas ilusiones y sonrisas, como sus máscaras, esconden la agria realidad de su desesperanza".

"En el fondo los comprendo. No hay mucho que creer en este país de mentiras, de agendas escondidas, de atropellos y cinismos de un gobierno encolerizado contra sus propios ciudadanos. Todo para mantener un ejército de caciques atornillados, parásitos insaciables de sus propias jactancias mediáticas, que nos cuestan mucho más de lo que resuelven. Nuestros jóvenes ya no creen en la movilidad. El pasado fin de semana los españoles enviaron un importante y pertinente mensaje al mundo. Nuevos movimientos locales, organizados mediante coaliciones y redes regionales, como Podemos y Ciudadanos, le han dado una paliza al centenario bipartidismo, caciquesca español. Ante la crisis España busca nuevos súper héroes. Sentido común contra la costumbre, verdadera representatividad local, solidaridad con los desventajados, desprecio al poder momificado y a sus apetencias económicas, repudio a la arbitrariedad y al caciquismo, defensa de los consumidores y de los sectores productivos, hasta el cuestionamiento de la misma monarquía y de la aristocracia partidista".

DESGASTE Y BAJA DE AFILIADOS EN LOS PARTIDOS

En la última encuesta del Periódico El Vocero sobre los partidos políticos revela un evidente desgaste en los mismos. El descontento del electorado con los partidos políticos es tal que la base de los dos principales partidos del país se han erosionado significativamente si se compara con los resultados electorales de los comicios del 2008 y 2012. A pesar de que los partidos y los analistas políticos dan su versión de porqué el desgaste y la baja de los afiliados en los partidos, la entrelínea de la encuesta es la insatisfacción de la base en ambos partidos. Los no afiliados aumentaron en un 14%; esto es, el mismo fenómeno que estamos viendo en España y en otras partes del mundo aunque no tan grande en Puerto Rico. Por lo menos este aumento en el número de no afiliados representa lo que sería una cintila de evidencia para determinar causa probable en un juzgado. Debemos aprovecharla para empezar a actuar como una comunidad insatisfecha con el bipartidismo. Es como empezar a "surfear" en una pequeña ola con la esperanza de que se agrande y te arrastre al campeonato.

DEBILITAR LOS PARTIDOS DE MAYORÍA Y FORTALECER LA VOZ CIUDADANA

La periodista Wilda Rodríguez nos sugiere hacer trampa hasta que se puedan cambiar las reglas del juego electoral que nos permitan romper con el bipartidismo. Las circunstancias en nuestra isla no permiten que nuevos partidos emerjan y menos que lleguen a adultos. En su artículo "Tolerancia cero", en la sección de perspectiva del Nuevo Día del 1 de junio de 2015, la periodista nos sugiere una forma para romper con el bipartidismo: Hacer trampa y fragmentar la política. La trampa consiste y la cito: "en debilitar a los partidos de mayoría (el bipartidismo) y fortalecer la voz ciudadana. Que cada día voten menos por ambos partidos de mayoría hasta que se vean obligados a negociar con la sociedad civil a falta de escaños parlamentarios. Entre más débiles los partidos de mayoría, mejor." "Fragmentar, debilitar y obligar a los partidos a consultar, convenir y pactar con la sociedad civil; y a la vez fortalecer la voz ciudadana." "Tolerancia cero al bipartidismo".

En su columna del 13 de julio de 2015, Punto Fijo, nos dice ella: "Yo soy de los cuatro gatos" refiriéndose a las minorías que se han levantado a exigir una mejor democracia en otros países y que son desestimadas por insignificantes. Y nos pone como ejemplo el monumental movimiento de los indignados en España, con grupitos pequeños de diez y doce personas que no impresionaban al poder. Pero se equivocó el poder. Porque parió nuevos partidos que ganan elecciones. Revirtió la misma inmovilidad que reconocemos en nuestra población. "Se quejaban desde su zona de "confort" pero no metían mano." Eso lo cambió un movimiento de cuatro gatos que sabían lo que hacía falta: un espacio donde todos pudieran manifestarse sin tener que adherirse a una organización establecida a la que no necesariamente se acomodaban."Debe de haber un cambio hacia una democracia participativa. Dice la periodista: "No tenemos que contar cabezas para declarar éxito o fracaso de una iniciativa ciudadana. Que suceda nada más es el principio de un éxito." La consigna es: "Yo soy de los cuatro gatos". Y yo añado, ¡Qué viva el partido de los gatos!

DÉCIMA PARTE

RESUMEN, MENSAJE, SOLUCIONES Y CONCLUSIONES

RESUMEN

Hemos visto cómo los problemas de nuestro gobierno causados por el bipartidismo, la corrupción y la política partidista han sumido al pueblo en la zona púrpura de la demencia política. Si el elector no se educa adecuadamente será guiado una y otra vez hacer lo mismo. Vemos cómo los ciudadanos han adoptado una zona de "comfort" y de dependencia gubernamental, dejándole toda la carga al Gobierno. Esto ha causado que tanto el gobierno, como los ciudadanos hayan dejado que la situación, política y económica se salga fuera de control.

Vemos cómo el poder del voto ha sido controlado y manipulado por el bipartidismo y la política partidista de forma tal que cada cuatro años hacemos lo mismo con los mismos resultados. Como dice la periodista del Nuevo Día Wilda Rodríguez: "el voto ha perdido su valor". Estamos en un círculo vicioso. Vemos cómo el fanatismo, la indiferencia, la apatía, el inmovilismo, la falta de solidaridad, la falta de responsabilidad civil, la poca educación política, entre otros, han sido cómplices de esta "demencia política" por la que estamos pasando.

Hemos explicado cómo es que funciona la política partidista. No en toda su extensión, porque se necesitan pruebas y otro libro, para decir toda la verdad. Le hablamos de los cambios que tenemos que hacer, lo que usted debe saber para poder ser parte de este cambio, las reglas de juego en la política, sugerimos formas de cómo tomar el control nuevamente. Hemos repetido cientos de veces que el poder está en el pueblo, que tienen que seguir educándose porque ese conocimiento les da poder. Lea la Constitución de Puerto Rico, conozca sus derechos civiles y humanos, fomente el empresarismo, las exportaciones, la agricultura y la creación de una asamblea constituyente de "status". Sepa que las campañas y las primarias políticas son tan costosas que los políticos necesitan mucho dinero durante todo el tiempo que dure su campaña; y si son elegidos, para ser reelegidos nuevamente. Siempre tienen en su agenda el dinero y la reelección como paradigma; por eso la corrupción y la deuda pública. Vemos cómo los políticos y la "partidocracia" se nutren del dinero proveniente de la corrupción y del presupuesto de nuestro gobierno.

JUNTE DE CIUDADANOS CON LAS MISMAS INQUIETUDES

Todas las personas que cito o menciono en este libro y que de una u otra forma me motivaron a escribir el libro y me ayudaron a expresarme a través de sus ideas, palabras y escritos, debemos reunirnos y hacer un junte para llamar al pueblo a la acción, como ejemplo de lo que escribimos y decimos. Para poner la acción donde ponemos la palabra. Aquellos que estén vivos y disponibles nos honren con su presencia y los ya fallecidos, como dice el poeta de Hatillo, José P H Hernández en su poema "Ojos Astrales", "con el recuerdo de su mirada." Pues como dice el también poeta Antonio Machado, "caminante, no hay camino se hace camino al andar. "Golpe a golpe, verso a verso se hace camino al andar...."

Me uno al llamado de Silverio, de la Escritora Carmen Dolores Hernández, al ejemplo de Ada Colau y Manuela Carmena en España, al escritor y bloguero Sergio C. Gutiérrez, a los héroes genuinos del historiador Rafael Torrech San Inocencio, a Wilda Rodríguez y a todas y a todos aquellos escritores y personas que cito en este libro y otras como Luis Francisco Ojeda (El fiscal del Pueblo), Josué "Jay" Fonseca, Jorge Seijo, (Hay que tener vergüenza), los muchachos de Fuego Cruzado, Benny Frankie Cerezo, (q.e.p.d.), la profesora Inés Quiles, Luis Dávila Colón, (El Azote), los integrantes del Programa Jugando pelota dura con Ferdinand Pérez, Yolanda Vélez Arcelay y Alex Delgado, y muchos otros que día a día se pasan exponiendo las operaciones del bipartidismo y desenmascarando a los políticos y sus partidos; y otros, que de alguna forma me ayudaron a llegar a la conclusión de este potente y pertinente mensaje que quiero enviar a todos los ciudadanos de mi querida isla:

MENSAJE
TAL PARECE QUE NO PODEMOS CONTAR CON EL GOBIERNO NI LOS POLÍTICOS PARA RESOLVER NUES-

TROS PROBLEMAS. ELLOS TIENEN SUS PROPIOS INTER-
ESES. JUNTOS PODEMOS FORJAR UN FUTURO. NO
ABANDONES NUESTRA ISLA.

"SOLO NOSOTROS LOS CIUDADANOS, COMUNI-
TARIA Y SOLIDARIAMENTE PODEMOS UNIDOS, VENCER
EL BIPARTIDISMO, LA PARTIDOCRACIA Y LA DEMENCIA
POLÍTICA POR LA CUAL ESTÁ PASANDO NUESTRO PUE-
BLO; Y RESTABLECER EL SENTIDO COMÚN PARA CREAR
LÍDERES GENUINOS QUE TRASCIENDAN LOS PARTIDOS
POLÍTICOS PARA FORMAR UN GOBIERNO PARA EL PUE-
BLO NO PARA LOS PARTIDOS Y LOS INTERESES DE SUS
INVERSIONISTAS".

PARA ESTO TENEMOS QUE PROVOCAR LA IN-
DIGNACIÓN DEL PUEBLO, DÁNDOLE EL CONOCIMIENTO
NECESARIO A TRAVÉS DE UNA MEJOR EDUCACIÓN. TE-
NEMOS QUE CREAR LA "TORMENTA PERFECTA" PARA
ARRASAR CON EL BIPARTIDISMO.

Empecemos nosotros los ciudadanos a buscar una solución de
pueblo a los problemas del país y una reacción a la indignación.
Amnistía Internacional, una asociación sin fines de lucro, acuñó la
frase "entérate, indígnate y actúa".

En este libro te enterarás de cómo funciona la política partidista y
los problemas que nos causa el bipartidismo, luego te indignarás.
Solo falta que actúes. Juntos podemos. Bien dijo Henry Ford: "Jun-
tarnos es un comienzo. Mantenernos unidos es progreso. Trabajar
juntos solidariamente sería un logro".

POSIBLES SOLUCIONES:

**CANDIDATURA INDEPENDIENTE DE PLATAFORMA
COMUNITARA**

Una posible solución para combatir el bipartidismo, la política
partidista, la partidocracia y la demencia política causada por los
políticos y los sistemas electorales prostituidos son las candidaturas
independientes con plataformas comunitarias. Estas candidaturas

independientes no deben responder a ningún partido político y dependerán del respaldo y la voluntad del pueblo. Las redes sociales podrían ejercer un rol protagónico en la aceptación de estas candidaturas. Las candidaturas independientes fuera de partidos políticos, son un paso hacia crear plataformas ciudadanas hacia un cambio real. Ya hay candidatos como la licenciada Alexandra Lúgaro, el doctor José Vargas Vidot, del movimiento Iniciativa Comunitaria, y Manuel Cidre, quienes se han ofrecido como candidatos independientes que no responden a ningún partido político.

Con la consigna de que "Juntos Podemos" se puede hacer un "Blog" con todos los candidatos independientes con un resumé de su preparación y antecedentes. A la falta de candidatos independientes a puestos en el gobierno, se pueden considerar los partidos emergentes como el Movimiento Unión Soberanista (MUS) y Partido Puertorriqueño Trabajador como una alternativa al bipartidismo, pero ambos tienen un partido político al que responden. De esta forma podemos caer de nuevo en el bipartidismo, la partidocracia y la zona púrpura.

OTRAS SOLUCIONES DE CIUDADANOS

La señora Teresa Santiago de San Juan en Cartas de Lectores del Nuevo Día del 14 de marzo de 2015 nos sugiere varias soluciones:
El Pueblo tiene la solución:

- Si el pueblo no tirara basura a la calle, los cuerpos de agua, playas y cuidara el ambiente, el gobierno se economizaría millones al año.
- Si el pueblo se involucrara en los estudios de sus hijos y los maestros fueran más efectivos se ahorrarían millones.
- Si el pueblo le enseñara valores a sus hijos no habría tanta delincuencia, cárceles ni cortes y se ahorrarían millones.
- Si el pueblo obedeciera las leyes no tendríamos tantos policías y ahorraríamos millones.

-   Si el pueblo cuidara su salud y no se excediera en fumar, beber y comer en exceso ahorraríamos millones en salud.

-   Si el pueblo que es evasor fuera honesto y pagara lo que por ley le corresponde tendríamos millones de dólares más.

-   Si el pueblo cuando se convierte en servidor público o contratista del gobierno no robara o fuera corrupto nos ahorraríamos millones de dólares.

Nos estamos convirtiendo en un pueblo irresponsable, deshonesto y sobre todo egoísta. Nadie quiere dar y todos quieren recibir. Ni desde el punto de vista matemático ni social esta fórmula ha servido ni servirá. ¿Y ahora qué? ¿Estás tú dispuesto a aportar soluciones? Las pequeñas cosas, hacen grandes obras.

CONCLUSIONES

LA ATROFIA CEREBRAL

En la columna "preguntas al médico" en la Revista por Dentro del Nuevo Día del 22 de marzo de 2015, un lector le pregunta al Dr. Carlos A. González Oppenheimer, Médico internista de la facultad de Recinto de Ciencias Médicas, la relación entre la atrofia cerebral y el Alzheimer y citamos: "Le explica el médico que el sistema nervioso central, del cual el cerebro forma parte es tal vez el órgano más importante del cuerpo. Es la "computadora" que coordina e integra todas las funciones del cuerpo. Es también donde se almacena la memoria, se originan los sentimientos y los órganos sensoriales tales como la visión, la audición, el olfato, el sabor y otros están íntimamente ligados o forman parte del sistema nervioso central. El cerebro se desarrolla desde los primeros años de vida y se dice que las neuronas (la célula más importante de este sistema) llegan a su número óptimo entre los 8 a los 10 años. De ahí en adelante su crecimiento consiste de las células que dan soporte o "servicio" a estas neuronas. Son las que llevan la sangre, el alimento y dan protección a las neuronas. Pero, en el proceso de "envejecer se van perdiendo células de este tejido de soporte."

Sin embargo, es importante aclarar que el diagnóstico de demencia es uno clínico; esto es, al examinar a la persona y evaluarla con ciertas pruebas específicas en nuestra oficina. La mayor parte de la comunicación o transmisión entre estas células, llamadas transmisión sináptica se lleva a cabo por movimiento de sustancias llamados neurotransmisores entre y a través de estas células. Para llevar a cabo esta transmisión se necesitan unos químicos, proteínas o pedacitos de proteínas, minerales, vitaminas y además sencillamente agua. Por lo tanto, para que el sistema nervioso funcione adecuadamente necesitamos tener una alimentación adecuada, un descanso adecuado y una hidratación adecuada.

Durante la noche pasamos muchas horas sin tomar agua ni ingerir alimentos es por esto que el desayuno y el agua son tan importantes. Nos sigue diciendo el médico, "mantenga el cerebro activo, oiga las noticias, lea y escriba una carta a alguien, haga crucigramas, ayude a los nietos a hacer sus proyectos escolares, busque un "hobby", mantenga su jardín, ponga su casa limpia y bonita y sobre todo póngase metas y lleve un calendario diario para cumplir esas metas."

Según las recomendaciones del médico le sugerimos al elector, que dos semanas antes de la fecha de las elecciones, para mantener el cerebro activo, lea las noticias, involúcrese en la política racional, lea y escriba, ayude al prójimo en las tareas y proyectos, póngase metas, no vaya a terminar en otro sitio (Vea la fábula del caballito de mar). Tome mucha agua, y sobre todo, vuelva a repasar este libro para que no haga lo mismo que hizo hace cuatro años.

Después de leerlo y conocer la situación macondo que existe en la política partidista y en el Gobierno de nuestro país, lo menos que podemos hacer es indignarnos. Pero la indignación sola no es suficiente, esta debe venir acompañada de un movimiento de apoderamiento de pueblo que exija estos cambios. Que la solidaridad de cada ciudadano, cada comunidad, cada institución, asociaciones, empresarios se unan en un solo objetivo: de que Juntos Podemos.

"La Organización Nacional de la Salud y la Comisión Estatal de Elecciones establecieron por primera vez un fondo nacional para tratar la demencia. La enfermedad, cuyos tipos más comunes son el Alzheimer y la atrofia cerebral, ya afecta a un millón de adultos en Puerto Rico. Se calcula que antes de las elecciones del 2016 serán un millón y medio. El alto costo a largo plazo que representa la atrofia cerebral para el gobierno y el pueblo al dejar que personas que lo padecen, elijan los candidatos que nos van a gobernar, los sistemas públicos de salud, y los perjuicios que provocan en las comunidades, fueron algunas de las razones para instituir dicho fondo." Los focos de infección son los comités de los partidos y los políticos con síntomas de retórica y demagogia. Aléjese de ellos. Todavía no existe cura para esta enfermedad. Se está trabajando con una vacuna que podría estar disponible antes del 6 de noviembre de 2016".

En el momento que escribo este libro podemos resumir en cuatro partes los problemas más apremiantes del país:
1. El bipartidismo y la política partidista
2. La gobernabilidad
3. La crisis fiscal y económica
4. El "Status"

El primero y el segundo no podemos dejarlo al gobierno y los políticos para que resuelvan, pues ellos son el bipartidismo y la partidocracia, además no tienen visión de pueblo ni la voluntad de resolverlo. Les asusta el costo político. Solo los ciudadanos, juntos y solidariamente podemos unidos combatirlos.

El tercero, la crisis fiscal y económica hay que resolverla como tiene que ser, con el costo político que significa para el partido en el poder y la voluntad política, no hay político que le quiera meter mano. Estas crisis han llegado al límite del fondo donde están. Nuestro gobierno no puede frenarla y menos revertir sus consecuencias. Solo con la ayuda del Senado y el Congreso Federal Puerto Rico podrá ponerse de pie nuevamente.

El cuarto, el "status", la única alternativa viable en este momento sería crear una asamblea constitucional de "status". Esta debe estar representada por los ciudadanos (la parte civil), el comercio, la industria y el gobierno con el consenso de todos los partidos. (Este último será sucio difícil). No veo que en un futuro los partidos se puedan poner de acuerdo, o que el "status" se decida en un plebiscito o un tribunal, y menos en un Tribunal Federal.

Como pueden ver, los políticos y los partidos no van hacer nada ni tienen la voluntad de hacerlo, solo los ciudadanos unidos solidariamente podemos hacerlo. Actúa. La bola está en la cancha. El próximo 6 de noviembre el partido a derrotar es el bipartidismo, esa zona púrpura de la demencia política donde nos tienen secuestrado. Acuérdate las palabras de Einstein: "Locura es hacer la misma cosa una y otra vez esperando obtener resultados diferentes".

No quiero terminar este libro sin antes citar unas palabras de la ganadora más joven del Premio Nobel de la Paz, Malala Yousafzai, merecedora del mismo en el 2014. Ella aboga por una oportunidad de educación para cada mujer y niño, es también su derecho y su deber. La palabra y el conocimiento son el arma más poderosa para conseguir la paz y proteger nuestros derechos. La educación es primordial. En una alocución ante las Naciones Unidas nace una de sus citas más celebres: "Un niño, un maestro, un libro y un lápiz pueden cambiar el mundo".

AUTOBIOGRAFÍA
Eduardo González Estela

Nací en el barrio Tamarindo de Aguadilla, el 7 de abril de 1940. Hijo único de una trabajadora social y un servidor público. Cursé mi primer año en la escuela pública Agustín Stahl y el resto de primaria y secundaria en el Colegio San Carlos de Aguadilla, donde permanecí hasta que me gradué de noveno grado. Luego pasé a la Escuela Superior de Aguadilla donde obtuve el diploma de cuarto año en el 1957. Ese mismo año ingresé a la Universidad de Puerto Rico en Río Piedras, donde terminé mi Bachillerato en Administración Comercial (BBA). Trabajé como servidor público en la Autoridad de Acueductos y Alcantarillados y el Departamento de Hacienda, Negociado de Contribución Sobre Ingresos, como Especialista en Contribuciones y Director del Centro de Adiestramiento. Además de estos trabajos fui Gerente de la Cooperativa de Ahorro y Crédito de Aguadilla por un corto período. Me retiré en 1991 trabajando para el Departamento de Hacienda, en el distrito de Aguadilla.

En mi pueblo natal, Aguadilla, mis amigos y compueblanos me conocen como el gato, ya que mi abuelo, Cándido González, fue dueño y cocinero de una famosa fonda conocida como El Gato Negro. A mi padre le apodaban al igual que a mi abuelo Cándido, el Gato, y por supuesto yo lo heredé también. Al principio era el gatito y luego el gato. Actualmente no me molesta que me digan el gato, hasta pensé en una ocasión usarlo como seudónimo para el libro. Mis hijos no lo heredaron pues nacieron en el área metropolitana después que me casé en el 1961.

Residí en Bayamón en Lomas Verdes y Santa Rosa. De ahí pasé a Puerto Nuevo y Country Club. No fue hasta el año 1976 que regresé a mi pueblo natal Aguadilla en donde todavía las piedras cantan. Actualmente estoy casado en segundas nupcias con Sonia Mangual desde hace 31 años y en cuyo matrimonio procreamos un hijo llamado Paul, contador, poeta, empresario y residente en Hato Rey. Con mi anterior esposa tuve cuatro hijos. En el 1992 abrí una oficina de contabilidad, pues soy contador de profesión, donde me desarrollé como especialista en planillas de herencias y donaciones, hasta el presente.

Me gusta correr, bailar, leer, viajar, comer, compartir con amistades, pero nunca pensé ser escritor ni escribir un libro. Fue la indignación que me causó la política lo que me motivó a hacerlo. En el camino aprendí algo de redacción, gramática y sobre política; aprendí mucho y me eduqué mejor. Además, uno tiene que ser parte del cambio que desea.

DEMENCIA POLÍTICA
El dragón del bipartidismo

Eduardo González Estela

lamarucagestaculturalvitrata@gmail.com

COLECCIÓN PUPA

HECHO EN PUERTO RICO
Primera edición: agosto de 2015